哇

歷史原來可以這樣學 3

——鴉片戰爭到甲午戰爭

五南圖書出版公司 印行

林欣浩／著

目　次

序：三千餘年大變局──工業時代……1
「你看什麼？」「看你又怎樣！」──鴉片戰爭前的中國和英國……17
論第一次遇見外星人時該怎麼辦──第一次鴉片戰爭……37
上帝的鬍子和耶穌的弟妹──太平天國運動（上）……71
心中天堂與人間地獄──太平天國運動（下）……99
如何讓一個人相信上物理課是浪費時間──第二次鴉片戰爭（上）……123
你願意花多少錢買下我的膝蓋？──第二次鴉片戰爭（下）……147
只寫課後習題不背概念定義──洋務運動……171
很多看起來是錢的問題，其實都不是錢的問題──甲午戰爭（上）……201
即便撞沉了吉野號──甲午戰爭（下）……221

序：三千餘年大變局——

工業時代

一

清末重臣李鴻章在評論晚清政局時，說過一句話：「此三千餘年一大變局也。」從清末往前數三千年是商代。李鴻章的意思是：我們遇見了中國歷史上從沒有見過的新局面。

其實何止是中國，近代的「工業革命」是全世界人類都沒有遇見過的新局面，它澈底改變了全人類，從國家形態到個人的生活方式，一切都發生了翻天覆地的變化。

我們要講的「中國近代史」，實際上就是「工業革命影響傳統中國史」，所以我們得先離開中國，來到歐洲，從歐洲的工業革命講起。

我要先回答一個問題：工業革命爲什麼會出現？它爲什麼先出現在歐洲，沒有出現在亞洲呢？

首先，這可能和歐洲的地理環境有關。

在農業時代，經商的最大困難是交通不便，陸上運輸成本太高，唯一高效的運輸方式是水運。

中國的水運條件欠佳。

中國雖然瀕臨大海，但是海上風浪大，航海條件比較惡劣；中國內陸還有很多大運河，但是運河開鑿和維護成本巨大，而且相對於廣闊的內陸，這些運河覆蓋的面積仍舊有限，所以在中國古代，除了大運河沿線（比如：杭州、開封）以及以廣州爲中心的東南沿海地區外，大部分地區都維持著自給自足的小農經濟，沒有從事大規模商業的交通條件。

歐洲不同，歐洲有一個面積廣大的地中海，地中海水面相對比較平靜，易於航行，在很早的時候，地中海沿岸就出現了很多商業城市。

歐洲雖然和中國一樣，也有大片的內陸地區，但是經濟重心不一樣。在農業時代，中國的經濟重心偏內陸，在交通不便的內陸有大片的農田；但是歐洲一離開地中海沿岸，氣候就沒那麼好了，地中海往北大部分的土地都是草地和森林，只有地中海沿岸那一圈適合耕種。所以古代中國的經濟重心是內陸，古代歐洲的經濟重心是地中海沿岸，商業對古代中國的經濟就相對沒那麼重要，對於古代歐洲就很重要。

前面說的是地理上的區別。除了地理因素，還有政治因素。

中國古代長期維持著中央直接統轄的郡縣制，在這種制度下，中央朝廷可以對地方任意徵收，很多王朝出於穩定統治的考慮，都採取了「重農抑商」的政策。

但是歐洲在羅馬帝國崩潰以後，長期分裂，每個國家的內部又實行分封制，國王和領主控制的領地很小，他們需要的很多物資就不能全靠強行徵收，很多東西只能靠買，所以必須依賴商人的存在，就算統治者厭惡商人，也不能完全消滅掉他們。

由於這些原因，古代歐洲相比古代中國，擁有更發達的商業活動。

商人們爲了賺錢，什麼事都願意做。

剛開始，歐洲商人靠著從東方運貨，賺了很多錢。可是後來，阿拉伯國家在中亞崛起，阻斷了商路，歐洲商人被迫駕船出海尋找通往亞洲的新商路，航海家們因此發現了很多新土地，這就是所謂的「地理大發現」時代。

航海家驚喜地發現，這些新土地的原住民十分落後，他們面對歐洲的長槍火炮毫無抵抗力，於是，航海家們在這些新土地上拚命掠奪。他們搶劫、挖礦、開辦種植園、把土著變成他們的奴隸。一時之間，大洋上到處都是來來往往的商船，運輸著各種各樣的商品。這些商船把殖民地的礦藏、香料和奴隸運到歐洲，又把歐洲的武器、工藝品運到殖民地，每一趟貿易都讓他們大發其財。

繁榮的貿易刺激了歐洲的工廠——借助在全球往來的商船，歐洲的產品可以銷往全世界，銷路幾乎變得無限大，只要工廠能生產出質優價廉的商品，生產多少就能賣出多少，賺錢沒有上限。

在經濟利益的刺激下，商業競爭變得空前激烈，歐洲的商人們拚命改進生產技術、提高生產效率。商人們因此願意拿出很多錢去資助科學家研究新的生產設備，比如：英國的紡織業競爭特別激烈，於是很多紡織商人都投入資金改進設備，結果在短短的幾十年裡，各種新型的紡紗機層出不窮，技術的進步速度和農業時代相比有天壤之別。

其中最重要的技術進步，是蒸汽機的發明。

蒸汽機的價值可不僅僅是「我們又多了一種新技術」這麼簡單。

還記得我們最早在講原始人類的時候，講過能量的問題嗎？我們說，原始人類從使用火焰到畜養家畜、種植食物，這種種進步背後的本質，都是能量利用率的提高。我們每個人能支配的能量越多，個人的生活品質就越高，社會就越發達。

在農業時代，無論生產技術怎麼提高，生產的主要能源都來自於人力和畜力。古人雖然也燒柴、燒煤，但是只限於烹煮、取暖，所產生的價值極爲有限。風車和水車在生產中的價值也很低——說白了，農業時代主要靠人的雙手、靠牛馬的雙腿來創造財富，其中又以人力居多。

人類和牲畜要靠食物來獲得能量，所以農業社會生產力的大小，從根本上又是由田地的產出決定的。一個國家的土地總量是有限的，除了宋朝引入占城稻、明末清初引入南美作物那種偶然的技術進步外，土地上農作物的產量也是有限的，這就導致整個國家的生產總值有了一個難以突破的上限，所以農業社會經過上千年的發展，經濟總量的進步非常有限。

蒸汽機的價值在於打破了這一極限。

蒸汽機爲人類生產引入了新的、儲量驚人的能量來源——煤炭、石油和天然氣。後來又發明了電動機，所能利用的能源又擴展到由煤炭和水力發出的電能，再後來又有了核能。這意味著一個人所能生產、占有的財富可以遠超過他的體力上限。無論是國家的經濟總量，還是個人的生活品質，都因此發生了極大的變化。

前兩本書裡，我們講過很多農業時代的政治規律，什麼農業的重要性啊！人口的波動規律啊！游牧地區和農耕地區的戰爭啊！到了工業時代，這些規律全都不算數了，除了基本的人性不變，政治、經濟規律幾乎全部洗牌重來。

這是貨眞價實的「三千餘年一大變局」。

我們簡單說說到底有哪些變化。

二

首先，衡量一個國家國力強弱的標準變了。

在農業時代，生產所依賴的主要能源是人力，人口的上限又由農田的大小決定，所以農業時代的國家，人口是衡量國力大小的關鍵指標，農田面積是這個指標的上限。好比我們在講三國的時候，說蜀漢弱於曹魏，主要依據就是蜀漢的人口比曹魏少，可耕種的田地也比曹魏小。

到了工業時代，生產所需的主要能源不是人力了，而是煤礦、石油、天然氣等自然能源，所以煤礦、石油等能源的產量成了衡量國力的主要指標。自然能源還不能直接爲人類效力，還需要透過機器把它們變成產品。機器主要是由鋼鐵製造的，所以鋼鐵產量也是衡量工業時代國力的指標。

衡量一個國家國力大小的標準從農田、人口變成了煤礦、鋼鐵產量，這也就意味著在工業時代，國家最重要的產業是工業，而不是農業。

當然，一個國家絕對離不開農業生產，人不可能不吃糧食。可是隨著工業技術的提高，農業越來越依賴工業生產出來的化肥、農藥和機械，這些工業產品對農業的影響遠大於其他因素。往往一個國家農業生產力有多高，主要就看工業化的水準有多高，因此國家富強的關鍵，還是在工業的身上。

因為衡量國力的標準從人口田地變成了煤礦鋼鐵，國家的強弱關係也隨之發生了改變。很多小國土地少，人口少，在農業時代只可能是弱國；但是到了工業時代，因為它們占領了煤礦、鐵礦，或者處於長途貿易的關鍵位置，搖身一變就成了世界強國，比如：中東大部分地區都是貧瘠的沙漠，不適合農業耕種，但是因為發現了石油，今天中東已經成為世界最富有的地方。再比如傳統中國這種龐大的農業國家，在農業時代常年是世界強國，但是到了近代，雖然富含礦藏卻沒有能力利用，結果成了誰都能欺凌的頭號弱國。

因為生產方式的改變，前面說過農業文明和游牧文明之間的關係，到了工業時代也完全不成立了。

在農業時代，農耕地區和游牧地區中間可以用一條降水線來區分。農業文明國力強而軍力弱；游牧文明雖然國力弱，卻因為有強大的騎兵而具有局部的軍事優勢。但是在工業時代，國力大小看的是工廠多少，和國家的農業模式是種田還是游牧沒有關係；軍隊的強弱看的也不是騎兵的多少，而是坦克與大炮。實際上，連「農業文明」和「游牧文明」這兩個概念都不存在了，農業生產和牧業生產都已經成了工業社會的附屬品，區別已經不大了。

三

工業時代另一個極為重要的變化，是交通和通訊技術的革新，具體說，是鐵路和電報的發明。

對於商業來說，這兩項革新極大地降低了經商的成本，商業的利潤大大提高，長途做買賣不再是不划算的事了。

更重要的，是交通技術還改變了人類的經濟結構。

在古代，無論是中國還是歐洲，內陸地區採取的都是「小農經濟」，或者叫「自然經濟」，也就是生活中所需要的東西都儘量自己生產。比如：古代中國的農戶要自己種田、自己織布、自己養牲畜，儘量不從外面買東西，因為運輸成本太高，外面來的商品太貴，不划算。有了工業化生產和便利的交通，就不存在這樣的現象了。我們今天到家附近的市場，可以用便宜的價格買到全國各地的水果和蔬菜，因為這些物產依靠火車和高速公路等，千里迢迢地運來也花不了多少錢。

這樣一來，一個地區也就不需要什麼東西都生產了，只生產自己最擅長的產品就行：這個地區適合生產衣服，所有人就都去生產衣服；適合種地，就都去種地，然後再靠便利的交通互通有無，這樣才能讓自己的利潤最大化。

這種地區性的分工生產，使得每一個地區都不能自給自足，需依賴和其他地區的商業連結，這就減少了地區獨立的可能性。比如：在中國古代，一個省關上門，只要能擋得住外面的中央軍，就能立刻獨立，沒有顧慮。但到了工業時代，一個省想要獨立，就得考慮考慮自己的工業體系夠不夠完善？能不能生產鋼鐵？能不能生產煤礦？甚至連老百姓平時用的鍋碗瓢盆，都要想好了缺不缺？否則獨立後，中央一實施貿易禁運，可能人家還沒打呢，你自己就先經濟崩潰了；再者，交通便利使得中央軍可以很快地投入到局部地區，地方獨立的軍事優勢也很小了。

因爲以上兩個因素，工業時代地方脫離中央的事件遠沒有古代那麼頻繁。

比如：大英帝國的鼎盛時期，全球都有它的殖民地，很多殖民地和英國本土遠隔萬里重洋，總督在當地軍政大權一人掌握，活脫脫就是天寶年間的安祿山，可是這些總督卻很少會想到獨立。

古代的歐洲採用的是分封制度，王室對地方的控制能力很差，地方上都是各自爲政的小領主。但是到了工業時代，這些國家很快都變成內部統一的民族國家，分封制逐漸消失了。

工業革命還改變了社會結構。

在農業時代，因爲每個人能生產的能量太小，勞動大眾的生活水準只能限制在極低的水準上。中國古代史上所謂的「漢唐盛世」、「康乾盛世」，它們指的都是國家而不是個人，富強體現在國家的總人口增長，而不是個人的生活水準提高了，絕大多數百姓還是在極有限的食物、繁重的勞動和幾乎爲零的醫療條件下日復一日地苦熬。因爲人均生活水準太差，也不可能實現全民教育，全民參政、議政等現代政治的概念，在當時也就難以實現。

在農業時代，富人想要過舒適的生活，必然要以大量勞動者的悲慘生活爲代價；知識分子要花費很多時間讀書，必然極少從事勞動生產，他們必須依靠役使勞動者才能過著體面的生活，所以在那個時代，大部分知識分子都同意奴役和壓迫。古希臘講民主，但擁有民主權力的只限於男性「公民」，公民家裡的奴隸是沒這權力。中國不少起義軍隊號稱「均田地」、宣傳人人平等，那也是老百姓你們自己和自己平等，我們這些首領得「更平等」。得了勢後，這些領袖還是有僕人、有丫鬟，還是要占有大片土地，還是得講三綱五常。我們現在習以爲常的「人人平等」、「人文關懷」這些很普遍的道德觀念，在農業時代是很難實現。

到了工業時代就不一樣了，人們可以過起非常舒適的生活，卻不需要直接奴役他人。比如：古代的富人想要過舒服點，他必須得僱個丫鬟爲他整天洗衣服——我們現在用的是電力驅動的洗衣機；僱個廚師為他做飯——我們現在可以買調理包、泡麵或點外賣食物；無聊了想消遣，還要僱幾個人吹拉彈唱——我們現在有電力驅動的電視、電腦、手機可以播放無數節目；想要出門，還需要僱人拉車、抬轎子——我們現在有用石油和電力驅動的汽車、捷運、高鐵和飛機，可以毫不費力地滿世界跑。

也就是說，因為工業技術提供了更多的能源，人們可以不再役使他人。當然，在工業時代還存在其他形式的剝削——比如：經濟上的剝削，但是最起碼在表面上，工業時代有條件讓每個人都過起有尊嚴的生活，人人平等在理論上可以實現了。

這也說明了一個事實：我們現在的幸福生活建立在大肆利用能量的基礎上。今天人類的生活品質達到了歷史上的最高點，與之相對應的，是人均消耗的能源也達到了歷史最高點。一旦現有的能量耗盡，人類馬上就會進入農業時代那種每天辛苦幹十幾個小時的體力活，卻未必能果腹的日子裡。

所以沒人的時候順手關上燈，是在為全人類的幸福做貢獻。

四

我們今天習以為常的一切——從物質生活到文化思想，全都拜工業革命所賜。工業革命好處這麼大，那產生工業革命的前提是什麼呢？

我們的第一反應恐怕是科學技術：沒有蒸汽機哪來那麼強大的工業？沒有煉鋼技術，又哪來的工廠和機器？

科學技術的確很重要，但不是產生工業革命的根本原因，根本原因是商業的發達。

這是因為科學研究是個高投入、高風險的買賣。科學研究需要花費大筆的金錢，投入之後可能幾年、幾十年都沒有成果，甚至很多科學家耗盡心力奮鬥幾十年，最後發現一開始的研究方向根本就是錯的。

這麼大的一筆錢，誰來買單呢？在商業不發達的時代，買單的人只可能是政府或者大貴族、大地主，這雖然也能催生出科技成果，但是效率太低了。因為這些大貴族、大地主之所以有錢，是因為他們的血統好、家世好，和他們的能力沒有多大的關係。換句話說，社會財富中的很大一部分都掌握在一群疑似笨蛋的手裡，他們對哪個科學技術值得投資，缺少分辨能力，而且這些人的財產既然是繼承而來，也就缺乏改革進取的勇氣，他們最大的願望是保持自己的社會地位不變，這世界越是一成不變他們越是開心。

在這種環境下，社會財富裡會有多少能用來研究科學技術呢？極少數肯投資科學研究的貴族，他們憑的也是一時的興趣，他們缺乏動力去研究某項科技的前景和可行性，多半是因爲對科學家個人的好感而掏錢，這樣一來，本就有限的投資裡，又有多少打了水漂呢？那些空有技術卻笨嘴笨舌，不會吹牛、不會取悅貴族的科學家，他們又有誰來資助呢？

在商業時代，最有錢的人從貴族變成了商人，商人投資科學的目的很簡單，是爲了賺更多的錢。

在前面我們曾說過，商業競爭有個極大的好處，叫做資源的高效分配。它能透過市場競爭，自動把資源投入到生產效率最高的行業裡，在科學研究這件事上也是如此，只有那些能創造出經濟效益的專案，才能得到持續不斷的投資。爲了避免損失，商人有極大的積極性去研究各種科學研究專案的前景，努力分辨到底哪一個能爲自己賺到更多的錢（也就意味著爲人類創造出更多的福祉），哪些項目沒有出路？哪些科學家有眞才實幹？哪些人是在吹牛？這樣一來，金錢在科學上的投資效率大大提高了，金錢源源不斷地從商人的口袋裡流向了最有前途的科學專案中。經濟獎勵又刺激了更多的人去從事科學研究，刺激更多的大學開辦科學課程，最終促使現代科技的一日千里。

所以說，工業時代的偉大成就、現代的幸福生活表面上看是來自科學發展的結果，其實是由發達的商業造就的。

可是，想擁有發達的商業，需要國家創造一個完善的商業制度。什麼樣的商業制度叫做完善呢？最重要的是公平，人人平等，不能有特權階層。也就是說在這個社會裡，每個人對財產的擁有權是平等的，我透過勞動得到的財產就是我的，就算是皇帝老子也不能隨便拿。因爲獲得財富是人們參加商業活動的根本動力，不保護財產權，就不可能創造良好的商業環境。像古代中國那樣的社會，當官的用點伎倆就可以把商人的財富據爲己有，那誰還會好好經商呢？商人只要有點錢，就會想辦法捐個功名當官去了。

公平還意味著在商業競爭的時候，每個人都不能有特權，能不能賺錢只靠自己的能力，只有這樣，市場才能保持優勝劣汰，資源才能自動流向生產效率最高的部門，否則人們都會努力獲取特權，而不是好好改進生產技術了。

要做到這點，就要求司法廉潔，官員不能徇私枉法，把官員的行爲置於大眾的監視之下。然而，傳統的君主制不能滿足上述要求。在君主制下，沒有人人平等，貴族比平民有更多的特權，國王有最大的特權，官員的任免全由皇帝和上級官員決定，不需要人民的監督。

這個制度非常不公平，但是在農業時代，王公貴族占有的財富最多，就算有人不滿意這種制度也沒有用。到了工業時代，隨著商業的高速發展，國家的經濟結構發生了變化，財富——也就是力量——逐漸集中到了商人的手裡，人均生活水準的提高還增加了平民百姓的教育程度和業餘時間，讓他們有機會接受平權的思想，有能力參與社會活動。

最終，中、下層人民的力量超過了君王貴族的力量，人們在歐洲掀起了一場又一場革命，君主制度被推翻，國家的權力在一定程度上被交到了人民的手裡。具體來講，就是先由老百姓選出一些議員，這些議員再去用商量和投票的方法來制定法律、決定國家大事，全國每一個人都必須服從法律，任何人都不能擁有特權，這種制度被稱爲「議會制」，如果這個國家仍舊保留了君王（但是權力很小），那麼還可以稱爲「君主立憲制」。

在康熙二十七年，大清帝國正抬腿邁入「康乾盛世」的時候，遠在地球另一端的英國，發生了推翻君主制度的「光榮革命」，國家的權力被交到了議會的手裡，權力機構從昔日威嚴肅穆的皇宮變成了熙熙攘攘、吵鬧不停的議會大廳。

清政府在將亡之際，面臨的就是這麼一群敵人。

「你看什麼？」「看你又怎樣！」——

鴉片戰爭前的中國和英國

一

為什麼「第一次鴉片戰爭」的對手是英國？或者說，如果中國在近代史上一定要和外國發生衝突，為什麼第一個發生全面衝突的是英國，而不是別的國家？

因為英國是當時西方最強大的國家。

一些書本習慣把中國近代史上那些到處擴張勢力、侵占殖民地的西方國家統稱為「帝國主義國家」，好像那些人都是一夥的，其實，那些西方國家互相也打得很厲害，每個國家之間幾乎都有世仇。

到了地理大發現時代，西方各國為了搶占殖民地更是打得不可開交，後來拿破崙甚至差點統一全歐洲。這種亂打一團糟的局面一直持續到了鴉片戰爭前夕，這時歐洲各國的內鬥才告一段落。當時最大的贏家是英國，它的殖民地遍布全球，全天任何一個時候太陽都會照射在自己的殖民地上，因此號稱「日不落帝國」。

英國憑什麼能獲得勝利呢？這和她獨特的擴張政策分不開。

試想一下這個問題：當我們以絕對優勢占領一片土地的時候，在不考慮道德的前提下，如何才能最大化我國的利益？

我們的第一反應可能是「搶」，反正我是占領者了，這塊土地上什麼好我就拿什麼，拿什麼都不給錢，這不才是最划算的嗎？一開始的西方殖民者也是這麼想的，他們占領一塊殖民地後就是「搶」，他們搶黃金、搶礦場，都不夠搶了乾脆搶人口。

比如：西班牙人在美洲發現了儲量豐富的金礦和銀礦，他們就從非洲搶來奴隸，逼迫奴隸開採金礦、銀礦，因此發了大財。

英國人剛開始也這麼做，可是世界上哪有那麼多金礦、銀礦可搶呢？靠在殖民地役使奴隸開墾土地雖然也能賺錢，但是利潤有限。這時多虧英國出現了一個叫做亞當．斯密的人，他提出了一個天才的經濟學理論：不要總想著壓榨、奴役殖民地，而是應該給殖民地很大的權力，幫助殖民地發展經濟，讓殖民地的百姓也有錢賺，這樣做對英國的好處更大。

爲什麼呢？

這麼做的結果，是在市場經濟的運轉下，殖民地會自動從事本地最擅長的行業，生產性價比最高的產品，英國人可以在殖民地買到價格更低，品質更好的產品，那麼英國消費者的利益就增加了。另一方面，殖民地百姓的手裡有錢了，英國自己生產的暢銷商品也有了更大的市場，英國商人的利益也增加了，而且殖民地經濟繁榮，殖民地政府能收到的稅收也增加了，皆大歡喜，何況搶劫會導致可搶的東西越來越少，貿易則是越發展越有錢，是一個可持續的模式。

也就是說，英國發現了一個富強的祕密：把盡可能多的殖民地都拉到同一個開放的市場裡，這個市場裡的生產者越多、生產技術越先進，英國就會越富強。

這個祕密的力量太大了，使得英國從一個貧瘠的小島國，在短時間裡一躍成爲世界最強大的帝國。

這就是自由貿易的威力。

二

在這個思想的指導下，英國人在世界各地建立起了殖民地，其中亞洲最大的殖民地是「東印度公司」。

早在明朝末年，英國就成立了東印度公司，一開始是正經八百的商業公司，有董事，有持股人，就是一心一意在印度發展商業貿易。但是作爲殖民地公司，它離不開大量的軍隊，既要用來壓迫印度人民，也要用來和其他歐洲國家爭奪利益，時間一長，東印度公司就成了殖民政府了。

人的貪欲是無限的，尤其是市場競爭會最大化刺激人的貪欲。英國的商人們不滿足在印度經商，他們以印度爲基地，到處尋找新的發財機會，其中一些人就找到了大清帝國。

結果，他們碰了一鼻子灰。

史學家蔣廷黻評價鴉片戰爭有一句名言：「在鴉片戰爭以前，我們不肯給外國平等待遇；在以後，他們不肯給我們平等待遇。」這句話概括得非常準確，在鴉片戰爭之前，完全可以用「忍辱負重」來形容那些與大清國做生意的外國人。

因爲當時的中國人對於這些年來歐洲的巨變懵然不知，他們心中的世界觀還是我們在上本書裡講過的，延續幾千年的舊觀念：整個世界以中國爲中心，中國最文明，越是遠離中國的地區越落後。那些周邊國家只要肯承認中國是你的宗主國，我就允許你定期帶著禮物來給我進貢，我會還給你豐厚的禮物，同時允許隨行的商人做買賣，保證你能大賺一筆。這種外交模式，稱爲「朝貢體系」，也就是各代君王都夢想的「萬國來朝」。這種外交模式的目的不是爲了得到外國的資金和商品，而是要把周邊國家都納入到儒家「禮」的體系中，讓這些國家透過朝貢禮儀來表示臣服，所以那時負責外交事務的政府部門「理藩院」隸屬於禮部，因爲對當時的朝廷來說，外交本質上是個禮儀問題。

對於那時來中國做買賣的歐洲人，大清政府也用「朝貢體系」的思維來對待他們，尤其是像英國這種國家，在哪兒都不知道，（鴉片戰爭開打近兩年，臨近結束的時候，道光皇帝才想起來問身邊的人：英國面積有多大？與中國有沒有陸路可通？）這英國在我們的朝貢體系裡都沒登記上，那肯定是超級蠻荒的國家了，同意你來做買賣就是給了你天大的面子，你還要平等和尊嚴？這聞所未聞啊！

當時的大清國實行的還是乾隆定下的鎖國政策。

明朝末年為了經濟利益和打擊倭寇，沿海對外貿易已經開放了，但是以乾隆為代表的清政府極為保守，貿易會讓外國商人、傳教士帶來異端思想，這是清政府絕對不允許的。乾隆又認為我「天朝上國，無所不備」，我們根本沒有和外國做生意的必要（瞧瞧人家亞當・斯密，這見識一個天上，一個地下），於是從乾隆開始，清政府施行的是「一口通商」政策。

「口」是「港口」、「口岸」的意思，「一口通商」就是全國只有一個沿海港口允許和外國人通商，這個港口就是廣州，外國人要做買賣只能去廣州。而且清政府為了便於管理，規定外國商人只能和政府經營的商業機構——「廣州十三行」做買賣，不能和其他中國商人、中國百姓接觸。

前面說過，商業社會最需要的是一個「公平、自由的市場」，而這時的大清帝國，恰恰是最不自由、最不開放的市場。「廣州十三行」的設置用現代的概念說，就是政府壟斷經商，政府經商的結果必然是經手者利用手中的權力換取好處。洋人不向官員行重賄，就不可能在中國做生意。

之前歐洲爆發了好幾場革命，死了那麼多人，爲的不就是爭取一個「公平、自由的市場」麼？而這個「一口通商」政策，硬生生對外國商人來了個迎頭痛擊，是每一個在華外商都恨不得立刻除掉的障礙。

另外，這裡還有個尊嚴問題。

「種族歧視是錯誤的」觀念，是在一百多年後，到了二十世紀六十年代才逐漸成爲世界共識。在鴉片戰爭的年代，歐洲人充滿了白人至上的種族優越感，因爲近幾十年來歐洲發展得實在是太快了，物質文明進步迅速，大清國雖然國家有錢，但是科技落後，普通百姓貧困，缺少教育，官員目光狹窄，對現代文明毫無所知，白人見了打從心底瞧不起，很多人都歧視中國人。

這邊的清政府也半斤八兩。在清政府看來，所有的外國人都是低人一等的「夷」，連儒家禮教都不懂，野蠻不已，跟你們多說兩句話都嫌丟人。清政府對外商制訂了種種嚴格的規定，比如：外國人只能在固定的幾個月分裡在廣州上岸，只能在很小的範圍內活動，不能進入廣州城，更不可能隨意見到地方官員；想要辦點什麼事，需要先辦理繁瑣的手續，提交文字恭敬、卑謙的申請書，批准不批准還得看官員心情。

此時的中、英雙方都極端地瞧不起對方，這就好像兩個都覺得自己很厲害的壯漢，互相看對方不順眼好久了。情勢到了這個地步，這仗打不起來還眞說不過去了。

其實早在鴉片戰爭爆發六年前，中、英已經發生了一次武裝衝突。

三

大致過程是這樣：

最早，英國的對華貿易是由東印度公司壟斷經營的，具體辦法是由公司主管帶著手下一群商人去和中國人交易。後來有了亞當．斯密的理論，英國人意識到自由貿易的好處，發現打破壟斷，放任人們去自由經營能得到更大的利潤，於是在國內自由貿易者的壓力下，英國政府後來終止了東印度公司的壟斷，允許民間商人自由和中國交易。

當時清政府負責對外貿易的是兩廣總督（同時管理廣東省和廣西省的地方官），在他看來，情況是這樣：

在和我們做生意的眾多蠻夷中，有個叫做英吉利的小蠻夷，他們國家的商人好多人都不懂我大清的規矩，好討厭！不過好在呢！英吉利派了一個大臣來統領一切商業事務，這交涉起來才方便嘛！結果有一天，英吉利告訴我們說，這個大臣即將卸任，以後英國民間的商人可以與我們自由交易，這不是太麻煩了嗎？於是兩廣總督就向英國政府寫了一封信，要求他們再派一個「頭領」過來管理商人。

英國人接到這封信後，一看中國政府這不是主動要求增進官方交流嗎？增進交流有助於打破貿易壁壘，這是好事啊！於是派遣了第一任「駐華商務總監」，一個叫做「律勞卑」的人。所謂「商務總監」，其實就是英國政府派去和中方交涉的外交官員。

臨行前，英國政府囑咐律勞卑不要與清政府產生衝突——因為貿易第一嘛！能不打仗就不打仗，和和平平地做買賣多好。但是在不衝突的前提下，你還要想辦法打開大清國的市場，讓大清國擴大與我們的貿易額，這才有利於帝國的經濟利益。

然而，這是個根本不可能完成的任務，因為當時的大清國是個純粹的農業國家，根本不在乎那點貿易利潤。開放通商、讓外國人隨意貿易會影響社會穩定，又是絕對不能讓步的底線，所以在「不和清政府發生衝突」的情況下，是絕對不可能「擴大對華貿易」。

律勞卑在出發之前，就面臨著一個必輸的結局，而且這個律勞卑身為英國貴族，頗有白人的自負，覺得自己是堂堂大英帝國的官員，絕不能丟了帝國的顏面，兩國之間的交流，當然應該是平等往來，於是按照正常的外交慣例，一到中國就進了廣州城，把一份外交文書交給兩廣總督。

然而，他這個舉動違反了一大堆清政府的規定。

清政府當時規定，沒經過清政府的允許，外國人——管你什麼外交官，根本不許隨便進入廣州城。外國人遞交給中國的文書——管你什麼外交文件，不能直接交到中國政府的手裡，必須經過「廣州十三行」的中轉。這既是因為大清看輕外夷，也是因為皇帝擔心官員和外國人勾結。而且律勞卑的外交文書上用的是平等的口氣，這也是大不敬，按照清朝的規矩，必須用下屬對上國的謙卑語氣才行。

兩廣總督這邊一看就很生氣，覺得這個新派來的蠻夷小官太沒規矩，比以前那些英國官員差遠了，不過諒他是初來乍到，不懂規矩沒關係，可以教嘛！於是兩廣總督寬宏大量地給律勞卑寫了一封回信，耐心教導說小朋友你這麼做不對啊！你應該這麼這麼辦事啊！咱們這次就既往不咎了，下次可不能再犯錯誤了呀！

律勞卑一接到回信就怒了，覺得我大英帝國武力超過你一百倍，咱們兩國平等外交已經很給你面子了，你怎麼能這麼自大？

兩邊你來我往誰也不肯讓步，雙方的火都越來越大。

「律勞卑」這個名字的英文，按照現在的習慣應該翻譯成「納皮爾」，當時清政府官方討厭這人，一生氣就翻譯爲「律勞卑」，幾個字都不是好詞。結果律勞卑透過翻譯得知了這件事，更是怒不可遏。（然而今天我們所有的中文出版物還是把他稱爲「律勞卑」，近百年來叫了也得有幾十萬遍了，這哥兒們要是知道肯定氣死了。）

總之，在隨後的一系列外交衝突中，雙方誰都不讓步，都認爲自己這邊的軍隊天下無敵，一開打定叫你灰飛煙滅。

那就打吧！

因爲軍事實力上的絕對優勢，英軍兩艘軍艦如入無人之境，在短短的時間裡就毀掉了清政府六十餘座炮臺，英國這邊只有三人死亡、五人輕傷。兩廣總督大驚之後，很快冷靜下來，他改強攻爲包圍，英國軍艦進入內河後，在英軍後方自沉了十幾艘大船，堵住了英艦的退路。

律勞卑這邊也是高估了自己。這場軍事衝突並不是蓄謀已久的遠征，他手下只有兩艘軍艦，雖然無堅不摧，但是招架不住中方仗著人多圍而不攻，而且他是在沒經過英國政府同意的情況下擅自開戰（人家都明確囑咐了「不能和清政府發生衝突」），這場戰鬥既無後援也延沓不得，更重要的是，當時的在華英商分成了兩批人，一批和他一樣主張對華強硬，用大炮逼迫清政府低頭，但還有不少商人只想繼續賺錢做買賣。

衝突一開，清方就終止了對外貿易，並且承諾一旦律勞卑離開中國，立刻恢復貿易。好多英國商人——在律勞卑看來自然是毫無民族立場、自私自利的「英奸」——立刻用各種手段向律勞卑施壓，讓他停戰。律勞卑一看打也打不贏，背後還一群「民族敗類」在拆臺，只得撤兵，隨後淒淒慘慘地病死在澳門，廣州貿易又恢復正常。

律勞卑事件說明了兩件事：

第一，中英之間的衝突本質上不是鴉片貿易。即便沒有鴉片貿易，雙方因爲貿易和尊嚴問題也會打起來。

第二，相比尊嚴，貿易問題更重要。

商人追求利益的欲望是無限的，任何一點獲利的機會都會被商人利用。英國商人爲了獲利，必然要不斷開拓海外市場和殖民地，遲早會找到中國。中國對外貿易的大門不開，商人們就盼著用武力打開大門。

而英國政府的權力掌握在議會的手裡，議員們又大都從商業交易中獲利，所以英國商人能透過議會來影響國家的政策——律勞卑是政府特派員，是「官場上的人」，但說話還沒有在華英商管用。

在商人逐利的欲望下，英國早晚要發動一場針對中國的侵略戰爭。

這就是英國發動第一次鴉片戰爭的眞正原因。

四

相比貿易利益的衝突，鴉片問題只能算是導火線了。

鴉片用罌粟的果實製成。罌粟在唐、宋時就傳入中國，當時被認爲是一種名貴的藥物。到了明朝，開始有外國人把罌粟製作成鴉片賣入中國。剛開始，鴉片主要被當成可以緩解疼痛的特效藥物，沒有被廣泛吸食，吸食鴉片眞正流行是在清朝。

和馬鈴薯、玉米一樣，菸草也是南美洲的特產，在明朝末年傳入中國。菸草的傳入使得中國人染上了吸菸的習慣。後來人們發現，用鴉片汁浸泡過的菸葉抽起來感覺更好，鴉片這時才被當成毒品吸食。

人類對新生事物的認知需要一個過程，就像香菸剛出現的時候曾被醫學界認為「有益健康」一樣，鴉片剛流行的時候，也被中國人認為是一種有品味的、高雅、奢侈的享受。當時很多富人習慣在酒足飯飽之後，由侍者伺候著，舉著由名貴原料製造的精製菸具，躺在床上慢慢享受一袋鴉片菸。抽鴉片成了上層社會炫耀財富的手段。

等到清朝中、後期，朝廷意識到鴉片的危害，開始下令禁止的時候，鴉片已經氾濫得不可收拾了。

毒品最可怕的地方，在於人體對於它的依賴性遠遠超過了人的理性，上癮者為了多吸一口毒品，願意付出一切。用經濟學的話說，對於上癮者，毒品是一種「剛性需求」，無論代價多高都願意購買，因此銷售毒品能獲得極高的利潤，正是這個利潤拯救了在華的英國商人。

鴉片在中國流行之前，英國商人在中國過得很鬱悶。

中國的茶葉、瓷器、絲綢等產品在歐洲特別受歡迎，英國商人每年都要從中國購買大量商品。英國商人原本也有好東西能賣給中國：因為有了工業化生產，英國的各種輕工業產品，也就是中國人俗稱的「洋布」、「洋火」之類，質優價廉，絕對能打敗中國本地的產品，可是由於「一口通商」的限制，清政府不願意大規模採購英國產品（「天朝上國，無所不備」嘛），結果就變成了英國人只能從中國人手裡買東西，不能賣東西。爲了支付貨款，英國人每年都要向中國支付大量的白銀。

中國和歐洲的銀礦都很少，當時全球的白銀主要來自於南美洲，西方人先在南美洲的殖民地開採出白銀，再把白銀運到中國，從中國購買貨物。但是在鴉片戰爭爆發的幾十年前，南美洲爆發獨立運動，導致全球白銀減產了一半左右，結果英國商人獲得白銀的成本暴漲，意味著在中國購買商品的價格也暴漲了。

利潤就是商人的命呀！日益緊缺的白銀讓在華英商十分苦惱，要是能是通過中國海關的層層封鎖，賣點什麼東西給中國人，把流失的白銀賺回來就好了，於是英國人想到了鴉片。

清政府明令禁止鴉片進口，可是毒品的利潤太大了，在利潤的誘惑下，大批清朝的士兵、水手、商人都參與到鴉片貿易中，甚至很多清朝官員都熱衷於鴉片走私。有的水師將領和外國商人約好，外國人每走私一萬箱鴉片，就送給他幾百箱鴉片用來邀功。結果這個水師將領反倒因爲「緝毒有功」得到提拔。還出現過這樣的情況：有一艘英國商船在中國海域一路上受盡了清方刁難，因爲它沒有攜帶鴉片，也就無法向清朝官員提供額外的賄賂。

毒品的利潤極大，有了鴉片走私，中、英貿易形勢立刻扭轉，中國從白銀流入改爲了白銀流出，英國的鴉片商人發了大財，大英帝國獲得了大量強勢貨幣。英國政府雖然表面上覺得鴉片走私不光彩，實際上也很滿意，對鴉片走私基本上採取默許的態度。

有了鴉片貿易的存在，清政府的閉關政策對英國商人來說，也就沒那麼難以忍受了。假如把中、英衝突比作一個快要爆炸的高壓鍋，那麼鴉片貿易就是這個高壓鍋的出氣閥，暫時緩解了雙方的衝突。

到了道光年間，清政府要關上這道閥門了。

五

在講中國古代史的時候，我們曾說過，中國古代有一些歷朝歷代都無法解決的問題，比如：人口暴漲、土地兼併、貪汙腐化……朝廷執政時間越久，這些問題就積累得越多，道光時的清朝也是這樣。在經歷了之前的「康乾盛世」後，清朝人口暴漲、官員全面腐化，另外再加上南美的白銀危機，國家已經出現了嚴重的經濟危機，表現在表面上，就是各地暴亂不斷，軍隊疲於鎮壓，花了大筆軍費卻戰績不佳，國庫的收入一天比一天少，總而言之，政務處理得一團糟。

道光皇帝當然很氣惱，但是以他那個時代的政治學知識，他和百官都看不出經濟危機背後的本質原因。當道光皇帝向群臣追問國家爲什麼一天不如一天的時候，大臣們只找到了表面原因，報告說：這都是鴉片走私的錯。

當然，鴉片的確危害巨大，鴉片讓白銀白白流失，鴉片讓農民不種田、士兵不打仗、官員不好好工作，於是道光也相信了這個解釋，他認爲只要禁鴉片，國家各種問題就都迎刃而解了。

於是，解決鴉片一時間成了大清國的首要任務。

爲此，道光皇帝專門舉行了御前會議，商量這事該怎麼辦。清朝官員並不都是糊塗蛋，其中有些意見還是很可靠的。

有人頭腦簡單，建議用極端手段禁止鴉片，不但要懲罰種植、販賣鴉片的人，還要把吸食鴉片的人就地正法，殺了再說。立刻有人反駁：那你怎麼能分辨吸食鴉片的人呢？因爲吸食鴉片缺乏證據，這個政策的結果，只能導致地方官員借機隨意勒索百姓；有的大臣認知到清朝貪腐的嚴重和政府效率的低下，承認單方面查禁鴉片是不可能的，因此建議道光不如承認鴉片合法化，這樣鴉片就不會養肥了走私者，還會把大筆的關稅交到朝廷的手裡；還有人乾脆建議，不如我們官方自己種植鴉片，這就能讓外國人無錢可賺。

這些建議未必是最佳方案，但是有些想法其實已經很成熟了，和今天治理毒品的思路也差不多。

但是討論了半天也沒有一個特別好的結論。

這不是因為清朝官員太笨，而是因為毒品是個世界難題。清政府所面臨的禁毒悖論，直到現代社會仍然沒有解決：越禁止毒品，販毒的利潤越高，販毒的動力就越大，販毒集團就越肥。今天發達如美國仍舊解決不了毒品問題，當年那個技術落後、貪腐成性的清政府就更解決不了了。

但清政府也有有利條件：清政府實行「一口通商」，好處是容易管理。毒品貿易利潤巨大，鴉片一旦進入中國市場就沒法控制了，但是鴉片進入中國這一步是很容易控制的。因為外國商人不允許隨便進入中國領土，所有人，包括鴉片商人都只能在廣州和澳門待著，姓字名誰在廣州政府那裡都有登記，甚至早在開始禁菸之前，清政府就已經掌握了鴉片商人的名單。

所以在道光皇帝看來，禁菸不是不可能，大不了把所有的外國商人都趕出去嘛！

清政府的另一個劣勢是吏治不行：低效、貪腐、好空談，這些是中國古代官場一貫的特徵。但是道光皇帝這次卻意外地用人得當，當時負責對外事務的兩廣總督鄧廷楨，以及他派去的欽差林則徐都是少有的既廉潔又能幹的官員，尤其是林則徐。

在一般人的印象裡，清朝末年和外國人交涉的清政府官員，通常表現為自大、無知，仗著自己是「天朝上國」，把鼻子都翹到天上去了，根本不屑於了解外國人，這種官員不少，但林則徐是個例外。

林則徐不僅是個難得的清官，而且辦事能力很強，他認知到鴉片對吸食者有巨大的吸引力，把吸食者一刀殺了也解決不了問題，所以他提出開設戒菸館，把吸食者強制送到戒菸館裡，以一年為期，如果不能戒菸就處以死刑。這實際上是對吸食者採取幫助和威脅並行的方法，以今天的經驗來看，也算是一種很科學的建議。林則徐還正確地認知到，販賣鴉片的大本營在廣州，源頭是外國走私者，必須在廣州同時打擊國內和國外的走私者（以往大多只打擊國內走私者），才能澈底剿滅鴉片。

道光皇帝對林則徐非常賞識，給了林則徐包括兵權在內的極大權力，讓林則徐趕快到廣州辦好禁菸這件事。

其實到目前為止，清朝高層的每一個決定都是完全正確的，這在明君、昏君參半的中國歷史上，已經是非常難得了。

可惜的是，時代的大趨勢讓所有的正確選擇都變得毫無意義。林則徐和道光早就被綁在了歷史車輪上，無論他們進行多麼正確的選擇，被輾壓都是唯一的結果。

論第一次遇見外星人時該怎麼辦——

第一次鴉片戰爭

到廣州赴任的林則徐十分盡職盡責。

在開始禁菸前，林則徐先找人大量翻譯在澳門出版的外國報紙和地理著作，密切關注英國國內的動向，尤其關心英國輿論對於鴉片走私的看法，他還要他的美國醫生翻譯當時「國際法」中有關禁止違禁品和國與國宣戰的章節。相比那些不屑於了解外國事務的官員，林則徐的思想是相當開放的——當然，這個「開放」是相對於當時的清廷而言，林則徐對於外務還是有不少誤解，比如：他見到英國士兵綁腿，就推論說英國士兵的腿不善於彎曲，所以不善於陸戰。

在處理英國鴉片商人時，林則徐的手段也很高明，他恩威並施，既用嚴厲的手段查禁鴉片，以免英商蒙混過關，又網開一面，承諾給被繳獲鴉片的商人一定的補償，還故意裝傻說這些鴉片是「誤帶」而不是走私，爲的是給鴉片商人一個臺階下，意思是只要英商把已有的鴉片上交，承諾以後再也不走私鴉片，那麼清政府就不以走私對英商治罪，大家各退一步不是很好嗎？問題是：利益是商人的命，爲了擴大貿易利潤，英國人早有和清政府打仗的衝動，要英國商人從此不走私鴉片，重新回到大筆白銀流入中國的舊時代，這不是要了英商的命嗎？

林則徐越是能幹，英商就越不樂意。林則徐成功地把英國商人的鴉片全都收繳起來，在虎門公開銷毀，英國商人們見到了林則徐的決心，這也就意味著中、英衝突的出氣閥被澈底堵上，衝突總爆發的時刻到來了。

就在林則徐禁菸的同時，英國的鴉片商人努力游說國會，以「大清國無禮傲慢」、「打敗大清帝國能擴大對華貿易」等理由說服國會，通過了與中國開戰的決定。

那個時代還沒有電報，消息還要靠信使傳遞，蒸汽船也剛剛出現，大多數艦船還是風帆動力，因此無論是中國和英國之間的通訊，還是英國遠征艦隊千里迢迢地開到中國（英國艦隊部分來自於印度，部分來自於英國本土），都需要花費大量的時間，所以在林則徐虎門銷菸和戰爭最終爆發，中間還隔了一年的和平時期。在這段時間裡，中、英雙方發生了兩次小衝突。這兩次衝突和大局關係不大，但是細節都很有意思。

一次叫「林維喜事件」。簡單的說，就是有一群英國和美國水手在中國的村子裡閒逛，碰巧發現了村民儲存的燒酒，這些水手就把酒偷喝了，喝醉後還鬧事，和中國村民打了起來，其中一名叫做林維喜的中國村民重傷身亡。

顯然，無論按照國際法還是清政府的司法慣例，這個案件都應該由清政府來審判，可是英、美兩國的水手鬧完事都回船上去了，林則徐就要求英國駐華商務總監把凶手交出來。

但問題是：傷害人的有一群水手，誰都不願意承認，那到底該交出誰呢？

原來那個英國駐華商務總監「律勞卑」和清政府打完仗後就病死在澳門了，這回新任的商務總監叫做「義律」，是個頗爲正直的人。這邊林則徐要他交人，他不知道該交誰，只能把所有涉事的水手都叫來審問。最後查出來，涉事的一共有五名水手，但是他查不出是誰給林維喜致命一擊，甚至連算不算凶殺都不能肯定，因爲林維喜是第二天才身亡。

這邊義律正弄不清楚案件的眞相，林則徐卻不斷寫信給義律催著要他交人，還諷刺說：「你查了好幾天，連個犯人都找不出來，你連木偶都不如，你有什麼資格當官？」

義律知道按照國際法他應該交人，可是他又不願意交，因爲當時清朝的法律根本沒有現代的司法精神。

二

前面說過，英國實行議會制度以後，最重要的一條原則是「人人平等」，誰都不能有特權，大家都平等了，那出現了糾紛靠什麼來解決呢？就靠法律。

所以在議會制國家裡，法律最重要，爭執不下的是非對錯，全都法庭上見，凡事只講法律條文，只講證據。

現代司法有一項重要的精神，叫做「無罪推定原則」，也就是當證據不足以證明一個人犯罪的時候，法庭就當他沒犯罪。所以在當時的英國人看來，沒有充足的證據證明一個人是凶手，就不應該處死他，如果凶手是誤殺，也不應該判死刑。

在林維喜事件之前，清朝境內曾經發生過兩個事件：一回是英國水手放禮炮時，誤傷中國人致死，一回是美國船上的義大利水手扔東西誤傷中國人致死。在清政府壓力下，英國和美國都交出了犯人，結果犯人都被處以死刑（是的，清末也有欺負外國人的時候）。

這兩起案件在中國人看來理所當然——殺人償命嘛！但在歐洲人看來，只因誤傷就判死刑，這法律野蠻至極，不講人道。英國政府認為自己有責任保護英國公民的人身安全，所以英國政府後來就規定，除非確認凶手犯了殺人罪，否則不能把英國犯人交給清朝政府，不能讓他們被不合理的法律處死。

現在義律的問題是：他沒法確定這五個人裡到底誰是殺人凶手，所以他就不能交人。

但在林則徐看來，你的水手犯法，你交出凶手是天經地義，不管是誰，你趕緊給我交出一個，你不交，肯定就是袒護。

但說到底，這件事還是義律理虧，因爲你是在大清的土地上犯法，你當然要遵守大清的法律——你嫌我法律野蠻，你可以不來，我又沒求你。義律交人也不對，不交也不對，一急之下，推測林則徐這種愚昧的人也不懂國際法，就對林則徐撒謊說：根據國際法，我們有領事裁判權。與此同時，義律對五名水手處以罰款和監禁數月的處罰，相當於要他們共擔殺人罪，然後把他們送回英國服刑去了（但是英國司法部認爲義律沒有權力進行司法判決，所以五名水手到了英國就被放了）。

義律所說的「領事裁判權」，意思是外國人在中國犯法，不受中國法律的審判，只接受外交官的審判。

義律以爲自己手腕高明，他萬萬沒想到的是，林則徐偏偏就找人翻譯了《萬國公法》。翻譯完了，林則徐一看，原來你義律不是外交官，你有什麼領事裁判權啊！好啊你個義律，你不但袒護罪犯，你竟敢還欺騙我！

林則徐徹底生氣了，他要採取措施。

其實這個事件有很大的偶然性。假如林則徐此時不在廣州的話，那麼負責這件事的應該是兩廣總督鄧廷楨，鄧廷楨是個傾向於溫和外交的人。有一次中、英發生衝突，他曾經默認清軍將領向英國人道歉，鄧廷楨也不太可能叫人翻譯《萬國公法》，只要義律給他點面子，這件事恐怕就過去了。

但偏偏就遇到了林則徐。

林則徐見義律竟然騙他，又聽說義律早就偷偷把犯人送回了英國，這回澈底憤怒了。當時義律住在澳門，林則徐就派兵威逼澳門，斷了澳門的供給。在澳門的葡萄牙人不敢得罪清政府，立刻宣布驅逐英國人。義律等人一看沒辦法，只好跑到了英國的軍艦上。

林則徐又命令各地封鎖海岸線，嚴禁英國人靠岸。這一招非常狠，因為英國人在船上，時間長了必須補充食水，不讓英國人靠岸，英國人斷了食水就只能認輸。

果然，幾天以後義律忍不住了，正好有一艘從東印度公司趕來支援的英國戰艦到了，義律再次回到九龍附近，遇到了負責封鎖海岸的大清艦隊。義律對大清艦隊說：「不給我補給，我就開炮。」大清艦隊不理他，於是雙方開始了短時間的炮戰。英軍都是一些小型戰艦，雙方各有微弱損失，隨後各退一步停戰了，清方也恢復了對英國艦隊的補給。這起衝突也就算是結束了。

這是一次小衝突。稍後雙方又發生了另一次衝突，這次衝突有意思的地方，在於它竟然是清軍為了保護英國商人開打的。

在收繳了鴉片後，林則徐又向外國人提出，所有的外國商人無論是否走私過鴉片，都必須簽下一份永遠不再販賣鴉片的保證書，否則就不能與中國貿易。義律覺得這是對大英帝國的侮辱，禁止英商簽這個保證書，可是商人們都爲了自己的利益著想，不是人人都願意聽政府的話。當時在中國的還有很多美國商人，他們才不管什麼侮辱不侮辱呢，全都把保證書簽了，一些立場不堅定的英國商人也打起了美國的旗子，裝成美國人和清政府簽保證書。

偷偷簽也就算了，還有兩個傲嬌的英商認爲政府派來的商務總監沒理由干涉我們的行爲，公開簽下保證書。這邊義律一聽氣壞了，這不是英奸賣國賊麼！於是下令朝其中一艘英國商船開炮①。於是，清政府的海軍爲了保護英國商人，與英軍又爆發了一場短暫的海戰，雙方各有損失。

這兩個事件隱隱預示著中、英雙方的衝突已經無法調和。

又過了三個月，英國正式向清政府宣戰，第一次鴉片戰爭爆發了。

① 此為林則徐的說法，義律的說法為：清軍軍艦威脅英軍，英軍主動開炮。

三

戰爭的過程大家早已知道：英軍所到之處戰無不勝，清軍幾乎沒有還手之力，最後被迫簽訂了不平等的《南京條約》。

那麼，英國人爲什麼能獲得壓倒性的勝利呢？

首先要澄清一個誤解：英軍的武器裝備雖然比清方強，但是雙方的差異並沒有大到「大刀、長矛對抗槍炮」那麼誇張的程度，這並不是一場冷兵器面對熱兵器的戰鬥。中國軍隊早在明朝就已經普遍使用火器，清軍也不例外。在第一次鴉片戰爭的時候，清軍的軍艦和海防要塞的主要武器都是火炮，還有約一半的步兵裝備了火槍。

我們來具體比較一下雙方的武器。

在鴉片戰爭中，雙方主要使用的武器分爲軍艦、火炮和槍枝三類。這裡主要以槍枝爲例子說明雙方的裝備情況（因爲槍枝比較有意思），軍艦、火炮的情況大同小異。

清軍步兵的單人火器主要是「火繩槍」，又稱爲「鳥槍」、「鳥銃」，另外還有需要兩個人抬的大號火繩槍，稱爲「抬槍」。

顧名思義，「火繩槍」的槍身上有一根長長的繩子，這根繩子事先經過處理，燒得非常緩慢。在打仗前，士兵先用火把這根繩子點燃，夾在槍身上的一個小夾子上待命；戰鬥時，先裝好子彈和火藥，然後瞄準、扣動扳機，這個小夾子就把燃燒的繩子撞到槍身上，點燃槍身上的火藥，就可以發射彈藥了。

不難想像，火繩槍用起來非常麻煩，士兵必須估算好開戰的時間，在開戰前提前點燃火繩，如果戰鬥時間太長，火繩燒沒了，那還得重新準備一根，火繩還容易熄滅，沒法在雨天和大風天使用，還會在夜間暴露射手的位置。

英軍使用的是「燧發槍」，顧名思義，子彈是靠「燧石」擊發的。我們看武俠電影，俠客要點火的時候常常從口袋裡掏出兩個東西打了幾下，火就點著，這兩個東西，其中一個是塊金屬板，另一個就是「燧石」，燧石和金屬用力敲擊能夠產生火花，可以方便地點火。燧石比火繩方便，可是敲擊燧石需要用力，打仗的時候要是揮動手臂去敲打槍枝，那還怎麼瞄準呢？燧發槍的關鍵就在於使用了彈簧，彈簧可以儲存動能，有了彈簧的幫助，手指一扣動扳機，燧石就能重重地打在金屬板上，冒出的火星點燃火藥，子彈就能打出去了。

所以燧發槍比火繩槍先進得多，只要裝好子彈後，隨時都能發射，也可以在大風天和夜間使用，如果有錢，你甚至可以隨身帶上好幾把裝好子彈的燧發槍，遇見敵人「砰砰砰」一口氣連打好幾槍。

燧發槍本身就比火繩槍先進，西方的工業技術還遠超中國，製造工藝更加精湛，火藥爆炸力更強，所以英軍的火槍要遠比清軍的更精準、點火率高、射程更長、子彈威力更大。但從另一個角度講，燧發槍和火繩槍還算是同一個時代的武器，它們都屬於「前膛槍」，也就是說，子彈是從槍口的位置裝進去的，在每次開槍之前，要先從槍口裝入火藥、彈丸，用通條壓實，再在槍身部位裝塡火藥，打完一顆子彈後，上述步驟還得重複一遍。

前膛槍的射擊精度很差，裝塡速度慢，單兵射擊難以形成有效的火力。如果你看過描寫拿破崙和美國獨立戰爭時的電影，會發現那個時代步兵的作戰方式非常有特色：士兵們排成密密麻麻的一排，聽著鼓點的聲音慢慢接近敵方，雙方靠近後聽軍官的口令，集體開槍射擊，這種打法常被戲稱爲「排隊槍斃」。你可能會吐槽：這些士兵怎麼不知道臥倒呢？爲什麼不分散開衝鋒呢？

這是因爲前膛槍威力太弱，假如要像現代士兵那樣排成分散的散兵線，隱蔽是隱蔽了，但會導致火力太弱，很容易被騎兵剿殺。在那個時代，沒有排列成密集隊形的燧發槍兵抵擋不住騎兵的衝鋒②。

② 燧發槍時代也有散兵戰術，有時是因為士兵缺乏訓練，無法形成密集隊形；有時用來配合其他橫隊或縱隊進行騷擾、狙擊作戰；也可用在叢林等複雜地形中打游擊戰，比如美國獨立戰爭中，美國軍隊就廣泛使用游擊戰術。

我們現代的槍械子彈本身就帶有火藥，從槍械的後半部分裝入，這種槍稱為「後膛槍」，威力遠超前膛槍一個時代。軍隊普及了後膛槍後，單兵的戰鬥力猛增，騎兵逐漸被淘汰出戰場，這個時候，才有了戰壕、臥倒射擊、散兵線等我們熟悉的現代步兵戰術。

我的意思是說，英軍的火槍的確比清軍要好很多，但還沒有好到相差一個時代的程度，武器的基本技術是一樣的。

軍艦和火炮的情況也類似。

軍艦方面，因為常年的閉關鎖國政策，清軍的軍艦大多是只適合近海航行的小船，噸位小、火炮少，開戰後基本上在第一輪海戰就被全殲，讓英軍輕而易舉地獲得了制海權。

但是，雙方的軍艦都還處在風帆時代，都是木頭船（英艦用鐵皮包裹），真正劃時代的蒸汽鐵甲艦那時才剛剛出現。英軍主力戰艦都是風帆戰艦，只有幾艘小噸位的混合動力戰船（既使用蒸汽機也使用船帆）從事內河戰鬥、交通、測量等輔助作戰③。

③第一次鴉片戰爭中最活躍的蒸汽戰艦為「復仇神號」，為風帆和蒸汽混合動力船，船上只有七門火炮，作為對比，英軍最大的主力戰艦載炮七十四門。「復仇神號」因為吃水淺、無風時也可行動等優勢，經常深入淺水區、內河炮擊。雖然並非主力艦，但因為清軍不堪一擊，「復仇神號」在一些戰鬥（如：穿鼻海戰）中的戰績十分突出。在第一次鴉片戰爭中，英軍參戰軍艦（包括運輸艦、測量船等）有六十多艘，其中蒸汽戰船有十七艘以上，噸位都很小。除作戰外，蒸汽船還負責運輸，或者把炮艦、登陸艦拖入清軍不設防的淺水區，大出清軍意外。

火炮方面，清軍的火炮和火藥品質都很差，炮身基本不能轉動，射速慢，射程近，威力小，損壞率高，就算打中了英國軍艦，也只能打出一個小洞，不傷筋骨；但是在登陸戰中，清軍火炮的弱勢可以靠工事彌補。因為艦載炮有軍艦噸位的限制，不能安裝太重的裝甲，陸地上的岸防炮可以想怎麼蓋就怎麼蓋，如：在廈門之戰中，清軍用最堅固的花崗岩建造火炮工事，直到戰爭結束後，這一工事也沒被英軍的火炮摧毀。

炮彈方面，清軍使用的主要是實心炮彈，英軍已經使用了能爆炸的炮彈。但是由於當時技術不成熟，不易控制爆炸時間，英軍還是有相當比例的炮彈是實心彈。

其實，工業時代對軍事實力影響最大的技術不只是火器，還有電報和蒸汽機。這兩項發明劃時代地改變了軍隊的通訊和交通能力，擁有這兩項技術的軍隊聽得更遠、走得更快、後勤補給更及時，和舊式軍隊相比，就如同在線上遊戲裡開了外掛——今天線上遊戲裡最常見的外掛，也不過就是「透視」和「加速」兩個功能嘛！可是在第一次鴉片戰爭爆發的年代，電報還沒有發明，鐵路還不普及，蒸汽船也只有零星的幾艘。

我的意思是：在我們的印象裡，鴉片戰爭的樣子是一群拿著大刀、長矛的清軍自殺一般地衝向敵人的槍口，這種場景當然有④，但不能代表戰爭的全貌。英軍的裝備的確可以隨便痛擊清軍，但不是說清軍就沒有打贏的可能，畢竟那是個騎兵面對步兵還能保持優勢的時代。後來的抗日戰爭、韓戰和越戰，中國和對手的裝備都有很大的差距，有時甚至是拿著步槍的步兵和隨叫隨到的火炮、坦克、空襲、空降之間的差距，技術差距更大。可是在這些戰爭裡，中方並不是完全處於挨打的境地。

四

話說回來，既然清政府與英軍的差距沒有想像中那麼大，清政府爲什麼又打敗了呢？比如說，中國人多，用人海戰術能不能戰勝英軍呢？燧發槍又不能連發，你打死我一個，我衝上去十個，你怎麼辦？且不說我還有騎兵呢。

④最典型的是寧波之戰，清軍計畫收復被英軍占領的寧波城，一度攻入城內。清軍作戰極為英勇，但是只裝備了大刀、長矛，英軍在一條又窄又長的小巷內使用榴彈炮射擊，殺傷了一波又一波不斷湧上來的清軍，戰況十分慘烈。

在機關槍發明以前，人海戰術可以用來彌補裝備的差距。這並不是說使用人海戰術一定能贏，假如清軍是在開闊地帶朝準備好的英軍衝鋒，英軍靠燧發槍也可以形成密集的彈幕，再配合榴彈炮，能夠讓對手因爲死傷過大而士氣崩潰。但只要戰術得當，使用冷兵器的一方靠人多是有可能獲勝——在第一次鴉片戰爭爆發近四十年後的非洲，一千八百名裝備了最新步槍的英軍就被兩萬名使用冷兵器的祖魯軍隊殲滅⑤。

看起來，清軍使用「人海戰術」並不難，清朝有世界最多的人口，有八十萬龐大的常備軍隊，還有在家門口打仗的地理優勢，理論上擁有源源不斷的兵員，而英國人遠道乘船而來，士兵總數有限，兵員補充也困難。

在實際的戰爭中也是如此。第一次鴉片戰爭裡，英軍兵力最高峰時約爲兩萬人；而清軍

⑤一八七九年一月二十二日的伊散德爾瓦納之戰，英方一千八百人中有八百多英軍，其餘為殖民地士兵。英軍裝備了當時最先進的馬提尼—亨利步槍。馬提尼—亨利步槍為後膛步槍，彈殼自動拋出，不能連發，但是換彈速度快，熟練者一分鐘可以射擊七至十發。另外英軍還有兩門火炮。最終英方被祖魯軍隊圍殲，陣亡一千三百多人，包括五十二名軍官；祖魯軍陣亡一千到二千人。但是在這一天夜裡的羅克渡口之戰中，英方一百五十多人抵擋住了祖魯軍三千到四千人的進攻。

這邊，被英軍入侵的四省駐軍加上外省增援的兵力，共有二十五萬多人，直接參與戰爭中的清軍兵力也有十萬人，清軍在人數上保持了對英軍的絕對優勢。

但是，這漂亮的帳面數字卻被英軍的工業化優勢抵消了。

農業時代運輸效率極其低下，清軍雖然人多，但是很多部隊都需要從邊遠的內陸地區調集，一路上要花費數月時間，耗資巨大不說，很多部隊根本就無法及時趕到戰場，好不容易來到前線，英軍已經轉戰到其他地區了。

當然即便如此，一線作戰的清軍仍有很多。

可是因爲清軍水師不堪一擊，英軍擁有了制海權，這道理就和前面我們講過占領長城、長江的優勢一樣。在中國漫長的海岸線上，英軍可以隨意選擇進攻的時間和地點，而清軍只能在漫長的海岸線上被動布防，因此浪費了大量的部隊。

舉個例子，因爲林則徐積極了解外國事務，在開戰之前，林則徐已經意識到了英國人船堅炮利，恐怕咱們打不過，於是林則徐在廣州提前調集了一支約六十艘船組成的水師，又從歐洲人手裡購買了兩百多門先進的大炮，武裝虎門炮臺，甚至從英國人手裡購買了一艘軍艦（英國人在出售前拆下了大炮），還用巨型鐵鏈封鎖了珠江江面，可謂防守嚴密。可是開戰後，英國人並沒有進攻廣州，而是北上攻打其他港口。花費重金準備的防禦措施根本沒有用武之地。（當然，英軍並非打不下來。半年以後，英軍輕而易舉地突破了這道防線，只有五人受到輕傷。）

因爲可以隨意挑選戰場，在實際的戰鬥中，英軍並沒有人數上的劣勢，在有些戰鬥裡甚至兵力比清軍還多；因爲可以隨意選擇開戰時間，每到一處城市，英軍可以從容偵查清軍陣地，準備完善後再發動進攻。這種打法，即便清軍戰鬥力在英國人之上，也是萬難取勝的。

英軍獲得制海權是因爲軍艦堅固，大炮厲害，那麼在陸地上，清軍是不是可以靠地形優勢、靠士兵英勇來取勝呢？

清軍也是這麼認爲的。直到第二次鴉片戰爭的最後階段，清方都認爲在陸地上可以輕易擊潰英軍，以至於清軍在設計炮臺時，一直都不注意防備來自陸地方向的進攻。

這就太小看人家英國人了。在清朝整體和平的一百多年裡，歐洲大陸大戰不斷，尤其是和拿破崙有關的一系列戰爭，把整個歐洲打得昏天黑地，各種戰術在實戰中不斷更新，已經發展得非常成熟。

在和清軍的戰鬥裡，英軍並非仗著武器先進隨意進攻，而是每一場戰鬥都小心應對。在開戰前，英軍先用幾天時間仔細偵查地形和清軍的防守情況，制定詳細的進攻計畫，進攻路線儘量躲開清軍炮臺的射擊區域，開戰後搶先占領制高點，還經常使用牽制、包圍、佯攻等複雜戰術。

清軍將領中昏庸、怯戰的不乏其人，但也有不少將領認眞備戰，頑強抵抗，最終英勇犧牲。這些曾立下無數戰功的一流名將，哪怕事先經過長時間的精心準備，開戰後還是在戰術上屢屢吃虧，這不是因爲這些將領個人能力不行，而是清軍的整體戰術思想都落後一個時代，他們沒接觸過歐洲軍隊的各種先進戰術，根本不知道許多聰明的打法，所以在陸地戰中，清軍也次次慘敗，而且經常犯低級錯誤，如：在廈門之戰裡，清軍守將用了近半年時間精心建造工事，那時還沒有發明鋼筋混凝土，清軍用當時最堅固的花崗岩修築炮臺，戰後英國人對該炮臺給予極高的評價，說：「即使戰艦放炮到世界的末日，對守衛炮臺的人，也極可能沒有實際的傷害。」可是在實際的戰鬥中，英軍並沒有正面進攻，而是從旁邊的沙灘登陸，從炮臺不設防的側後方進攻，輕易地拿下了這座堅不可摧的炮臺。

那好吧，再退一步，不比戰術，也不比兵器，比肉搏行不行？中國的大刀、長矛總應該比得過洋人的刺刀了吧？這種想法的言外之意其實是：洋人能打贏只不過是仗著武器好，放下先進的武器，洋人什麼也不是！

這麼想也錯了。

士兵的肉搏能力主要依賴於武器、戰術、身體素質和訓練強度。在槍炮時代，歐洲軍隊對肉搏的重視程度雖然降低了，但並非完全不重視，因爲前膛槍的發射速度太慢，在遇到騎兵衝鋒和短兵相接時，肉搏還能發揮一定的作用。第一次鴉片戰爭時的英軍步兵已經使用刺刀，士兵也要學習白刃格鬥和刺刀衝鋒。

至於訓練強度，英軍比清軍只高不低。工業時代生產力的提高，意味著西方國家有能力投入更多的資源訓練士兵，尤其是燧發槍兵那種排成密集陣型緩慢前進的戰術，特別依賴鐵一般的紀律和視死如歸的勇氣。因爲經濟發達，英國普通士兵的營養也比中國士兵好得多，身體素質也占優勢。

清軍一方，訓練、戰術和士氣全面落後。客觀原因是東南沿海承平日久，訓練廢弛；主觀原因是清軍缺少淘汰制度，大部分人只要當兵就當一輩子，這就意味著士兵靠混日子就能拿一輩子糧餉，很多士兵常年不參加訓練，軍營裡流行聚賭、吸鴉片，還有不可避免的腐敗，大量存在吃空餉、剝削軍餉的情況。因爲欠餉太多，再加上物價飛漲，很多士兵還要做另一份職業賺錢謀生，實際上和老百姓沒什麼區別。

這樣的兩支軍隊碰到一起，就算拿著一樣的武器，勝利的一方還是英軍。事實上，在兩次鴉片戰爭中發生過很多肉搏戰，英軍並沒有明顯吃虧。

五

清軍的劣勢還不只在戰場上，清方還存在嚴重的官員瞞報問題。

我們知道，英軍全程都是在壓著清軍打，但是在道光皇帝接到的奏摺裡，戰爭初期全是大獲全勝的喜報，如：鴉片戰爭開始前的兩次武裝衝突裡，第一次衝突英軍自己的紀錄是只有幾個人受傷；林則徐的奏摺裡卻說，擊沉英軍一艘船，擊斃英軍十七人以上。第二次衝突英軍的紀錄是無人傷亡；林則徐的奏摺說：附近漁船撈到了敵人的帽子二十一頂，經過辨認，其中有兩頂是敵人軍官所戴，其餘各種外國人的物件「不可以數計」，這還算是客觀的，後面其他人的奏摺更沒法看了。如：虎門之戰裡，清軍兩百五十人戰死，一百多人受傷，一千多人被俘，英軍僅僅五人受了輕傷，這完全是一面倒的失敗，但是清方的奏摺裡赫然寫著「共計剿殺夷逆漢奸六百餘名」。第二次定海保衛戰，英軍戰死兩人，受傷二十七人，清方的紀錄裡則寫著「剿殺逆夷一千數百名」。

下級官員隱瞞事實欺騙上級，這是中國古代社會難以克服的頑疾。

我們曾經說過，中國古代社會有一些難以解決的問題：地方豪強兼併土地、截留稅款、瞞報上稅人口，這些問題歷代朝廷都沒有辦法搞定，越到王朝末期就越厲害。我們沒說的是：爲什麼沒能解決？皇帝下令要求大地主把土地分一部分出來，或者向他們收取懲罰性稅賦可不可以？皇帝下令整頓稅吏、清查人口可以不可以？

實際上，很多皇帝都做過這種事，但除了開國初期外，其餘的皇帝全都失敗了。遠的不說，就像雍正、乾隆這兩位在中國歷史上處於皇權巔峰時期的皇帝，也辦不成這事，這是爲什麼呢？

因爲在獨裁社會裡，朝廷缺少足夠的監督力量，皇帝固然可以設計各種監督機制，如：在各地設置監督官員，或像唐朝那樣派宦官當監軍，像明朝那樣派遣特務，像清朝那樣採用祕密奏摺制度，但這些制度都有一個相同的缺點：負責監督的人數太少。只要人數少，被監督者就總有辦法買通監督者，共同欺上瞞下，就拿清末來說，清末雖然有祕密奏摺制度，但是到了乾隆後期，官場貪腐成風，所有上奏摺的人都貪，大家誰能檢舉誰？實際上後來官場已經形成了默契，很多官員在上奏摺之前要先互相通個消息，就算有人想檢舉，皇帝接到舉報後又不能輕信，還要派欽差到地方上調查取證，只要地方上的貪官互相遮掩，甚至是買通欽差，皇帝還是沒有什麼辦法。

再比如土地兼併這事，皇帝們都知道土地兼併不好，可是他們手下的大臣都是大地主，大家的財產都來自於土地兼併、瞞報賦稅，大臣們爲什麼要自己斷自己的財路？

所以皇帝們遇到的情況往往是這樣：皇帝決定下大力氣整治土地兼併和瞞報賦稅，朝廷官員們紛紛叫好，山呼萬歲、皇帝英明。政令到了地方，地方官員們立刻緊鑼密鼓開展工作，三天兩頭上報說我們今天完成了多少多少任務，檢查了多少多少土地，但一看具體清查的案件，全都是一些沒勢力的小地主，大地主們在文件上全都是清清白白，光看產權文件，家裡就一間院子三畝地，完全符合朝廷規定，皇帝怎麼辦？還能親自到全國幾千個縣裡，逐一踹開每個地主家的大門，看看他們家到底有多大嗎？

以後世的經驗看來，解決瞞報最好的辦法是輿論監督。

歐洲採取議會制以後，議會裡的議員都是老百姓選出來的，可是老百姓怎麼知道這個議員為人怎麼樣，自己該不該選呢？這就要靠報社了。在商業社會裡，報社也要營利，也要面臨同行的激烈競爭，百姓們關心自己選的議員為人到底怎麼樣，報社記者為了能多賺錢，也就會與「狗仔隊」一樣，拚命去找關於議員的各種新聞。

清政府的官員可以收買監督者一起騙皇帝的錢，議員卻不可能去收買記者：全國那麼多報社，那麼多記者，收買得過來嗎？退一步說，就算有一個壞人超級有錢，把全國記者都收買了，但這就意味著記者這個行業太好做了，是個人就能拿一大筆錢，在經濟利益的驅動下，結果會有大量的人湧進來當記者，大量的新報社成立，等於這個壞人是在拿自己的錢去壯大監督自己的力量，壞人是在用自己的左手打右手，最終他還是控制不住記者曝光他，還是沒法欺上瞞下。

如果把鴉片戰爭放到英國，今天利物浦吃了敗仗，兩小時後，倫敦報紙就有快訊，第二天就能出現一線的詳細採訪，軍官想要在奏摺裡胡說八道是根本不可能的。可是，大興文字獄的清政府不可能允許民間自由開辦報社，更不允許報社胡亂報導官員的壞話，官員們的欺上瞞下也就無可避免了。

在整個戰爭裡，清方都存在嚴重的瞞報問題，下級官員不肯把前線眞實的情況告訴皇帝，不敢報告英國人的眞實要求，皇帝也就不可能對前線下達正確的命令，以至於在鴉片戰爭開打了很長一段時間，道光皇帝還不知道英國人爲什麼開戰，他聽信官員在奏摺裡的胡說八道，還以爲整個事件是「有一些蠻夷商人，因爲林則徐禁菸沒處理好，讓他們覺得自己很冤屈，到處開著船在中國沿海找官員哭訴伸冤」，他以爲這只是和外國商人發生的局部衝突，根本沒想到自己已經和世界最強的國家開戰了。

當然也偶爾有耿直的官員說實話，多虧了祕密奏摺制度，這些實話能被皇帝看見，可是大多數人的意見和少數人的意見，你聽誰的？

更關鍵的是：工業革命對於中國人來說完全違反常識。

在中國人幾千年積累的全部經驗裡，整個世界裡就數中國最文明，越往邊疆越蠻夷，儒家思想是最偉大的，不奉行儒家的文明都滅亡了，現在，突然從一個遠得不能再遠的地方，憑空冒出了一群蠻夷，他們從不奉行儒家文明，卻擁有遠超我們一個時代的科技，只需要一小支部隊就可以橫掃我們最強大的帝國軍隊，這種感覺，就如同遇上了外星人。

假設有一天，全班同學或全公司同事都去野外郊遊，只有你一個人因爲生病在家。正在無聊的時候，接到同學或同事們的電話，電話裡說的都是：「哇！野外風景眞好，空氣好新鮮喔！」「我們剛才看到幾隻小兔子，長得有點特別，可能是什麼稀奇的品種吧！」「我們今天抓了幾隻小兔子，玩得好開心呀！」這時候，突然有個同學或同事慌慌張張地打電話給你：「不好了！我們在野外遇見了一群長得像兔子一樣的外星人，他們會說話、會開飛機、會發射可怕的光，同學或同事們都被他們殺了，你快點報警呀！」這時候你會有什麼反應？你會報警嗎？你肯定覺得他神經病啊！這種事太違反常理了，你不可能相信。

類似的道理，道光皇帝也不可能去相信偶爾幾個說實話的官員，他的反應是，這些官員故意誇大英夷的力量，以此來要脅皇帝。直到後來，英國人開始長期占領城市，前線官員實在沒法遮掩的時候（當然除了丟城這個事實外，其他地方還是拚命胡寫），道光皇帝才有點醒悟過來，但已經晚了。

瞞報還讓清軍在戰術上吃了很大的虧。

一些歷史書常刻意描述當時清人愚昧無知的觀念，譬如：很多清朝官員相信，洋人喜歡吃肉類，如果沒有中國的茶葉和大黃就會消化不良而死；洋人因爲腿上打了綁腿所以不能彎曲；洋人在夜晚的視力很差等等，這些荒謬的觀點都是眞實存在的，其中一些見解甚至來自於林則徐等清軍名將。

然而，古人雖然缺乏知識卻不是傻瓜，他們的智商、思維能力和現代人一樣，尤其是受過教育的知識分子，只要是親眼見過英軍，都能明白雙方的技術差距⑥。比如：林則徐在開戰前，就已經意識到英國軍艦太厲害，從外國人手裡緊急購買了軍艦和大炮；其他清廷官員只要是親臨過一線，也能明白英國船堅炮利，之前各種大勝仗的奏摺全都是胡說八道。

問題是，一線官員相比全體官員，是少數中的少數，你要是敢上奏說實話，那你就變

⑥ 藍詩玲引用英軍軍事祕書喬斯林的話說，當英軍準備進攻舟山的時候，舟山的清軍對英軍抱怨說，廣東人製造了糾紛，卻要他們承擔後果，這不公平，「你們應該去打廣東人，而不是打我們，我們沒有傷害過你們；我們看到了你們的力量，知道與你們作對是瘋狂之舉，但如果我們不得不與你們作對，那我們一定會恪盡職守。」（藍詩玲著，劉悅斌譯，《鴉片戰爭》，新星出版社，二〇一五年第一版，第一五〇頁）

成了「別人都能打勝仗，就你打敗仗還誇大敵人、欺騙皇帝」的奸臣，你能怎麼辦呢？對自己最有利的做法，就是繼續撒謊說咱們又打勝仗了，於是，關於前線的情報一直都沒能傳遞到朝廷，前一個將軍剛犯完的戰術錯誤，下一個將軍還要重犯。一直到第二次鴉片戰爭的時候，清軍還相信英國人不善於陸戰，以至於仍舊不重視陸上防禦，仍舊被敵軍用「從炮臺後方包抄」的老戰術取勝。

另外，瞞報還意味著大量的貪腐和瀆職。道光皇帝向前線投入了大筆軍費，但是很多都被官員層層貪汙掉，購買武器、建設炮臺、僱傭士兵，每一項都可以用來上下其手，虛報帳目。英軍記錄過這麼一件事：有一名清軍將領在開戰前一天派人與英國人商議：「你不要放炮，我也不要放炮，誰都不要放炮。我可以放六次沒有炮彈的炮，給皇帝留面子，然後走掉。」

底下人都這樣，這仗怎麼打？

現在，我們回過頭來，整個回顧一下清政府和英國的差距，我們會發現，差距是全方面的，是從武器到士兵、到士氣、到財政、到吏治，最後到制度，無一不差。

最根本的問題在哪呢？

根本問題在於，清政府還生活在低效率的君主獨裁時代，英國已經進入了效率更高的資本主義時代。

前面曾說過，決定戰爭勝負的根本原因是國力的大小。從表面上看，大清國的實力應該遠遠超過英國。

當時的清朝人口和財政收入都超過英國，更何況英國遠距中國萬里，眞正加入戰場的只有一小支艦隊，雙方投入的力量應該是清方更多才對，事實上也是如此，清政府在第一次鴉片戰爭中投入的軍費約是英國的二點五倍，以國力對比計算，清方應該穩贏這場戰爭。

但是，工業時代的強大不在於工廠機器，而在於商業繁榮，在於市場帶來高效的資源配置。在商業社會裡，當一筆軍費在市場上消費後，全社會和軍備有關的資源，都會在市場的作用下被自動吸引過來，會有數不清的專業人才投身到和軍事相關的生產中，他們爲了自己的利益，拚命降低武器成本，絞盡腦汁研發新式武器，費盡心血改進軍事戰術。英軍可以保證自己用的每一顆子彈，都是用當時社會允許最高的效率、最好的技術生產出來的，反映到表面上，就是裝備、訓練、戰術無一不精。

相反的，當清廷撥出軍費後，吸引來的不是能工巧匠，而是各種貪官汙吏，人人都拚命欺騙上級，絞盡腦汁從中間撈上一筆，費盡心血欺上瞞下。大量的軍費消耗在運輸、貪汙、瀆職、低效的武器生產和軍事訓練上，偌大一個帝國，空有無數百姓日夜勞動，無數產出都被農業社會的低效率抵消光了，反映到表面上，就是戰爭如同一場黑洞，不管扔進去多少錢，沒聽一聲響就不見了。

六

道光是個有名的節儉皇帝，日常生活特別簡樸，除了龍袍外，其他衣服都要穿到打補丁的程度；平時一頓飯只吃四個菜，嬪妃、宮女吃得就更差了。他自己吝嗇，動用起國庫更加吝嗇，不輕易向下面批錢，可是鴉片戰爭越打花的錢越多，打到最後國庫都快見底了，城池反倒不斷地丟，道光皇帝終於意識到這仗打不下去了。當英軍威脅要攻入南京的時候，道光軟了下來，指示前方官員在「不傷國體」的情況下和英夷談判。當然，這道命令根本無法執行，前線談判官員又使出在奏摺上妙筆生花的本事，在傷害了國體，但是儘量不傷害道光心靈的情況下，把停戰條約簽了。

中、英先是在南京簽訂了《南京條約》，然後在虎門補簽了《虎門條約》。在兩個條約中，英方答應停戰，從一些已經占領的中方土地上撤兵；清方答應的條件主要有：賠款、開放「五口通商」、割香港島、放棄關稅自主權、片面最惠國待遇、領事裁判權等。

我們逐一看看這幾個條件。

賠款就不說了，就是巨額勒索，這對道光來說不是大問題：夷人性如犬羊，眼中只有錢，咱們大清國可不一樣，錢都是小事，賠錢是「賞」給你，賠多少都不傷國體，無所謂了。

第二是從「一口通商」變成「五口通商」，也就是從開放廣州一個港口，變成了開放五個港口通商；另外，各個港口再也不能有「廣州十三行」那樣的官商壟斷了，要實行自由貿易。對於英方來說，打開清朝市場、擴大對華貿易是發動戰爭的根本目的，無需多說。對於清方來說，這會極大增加管理外國人的難度，清方非常不願意，但是在槍炮面前，不得不答應了（前方大臣報告給皇帝說，夷人的要求只不過是「賞碼頭」）。

第三是割香港島。英國人想要香港島是因為在之前的衝突裡，清方多次玩「包圍商館、斷水斷糧」這一招。英國人想要一塊能讓商船自由停靠，能保護自己商人的地方，香港在當時雖然是一座荒島，卻是英國人精心選擇的。香港島是優秀的天然港，離廣州的入海口——「珠江口」很近，非常便於商船停駐，早在鴉片戰爭爆發之前，香港島就是鴉片走私船停靠的地方。

道光對於割讓香港島很不爽。當然島給你肯定是給你，但是名義上不好聽呀！一度想把條約修改為「暫行賞借」，但是英國人認為這在法理上是個漏洞，堅持寫成「給與」，清方也沒辦法。

第四是「放棄關稅自主權」，也就是「兩國共同訂立進出口關稅」，這是什麼意思呢？「關稅」是一個商品從這個國家進口或者出口的時候，國家要徵收的稅，比如：一支美國手機，從美國進入中國的時候，就要交給中國海關一筆關稅，所以有些人會非法購買「水貨」手機，這些手機因為是走私品，沒有交關稅，每支售價也就低一些。按理說，一個國家的關稅收多少是國家自己的事，外國人管不著，事實上，關稅也是國家和國家之間進行貿易戰、外交戰的常用手段，比如：我們對美國不滿，那我們可以提高美國出口給我們某種貨物的關稅，這樣美國的出口業就受到損失了。

問題是，大英帝國這麼辛辛苦苦地把大清的貿易大門打開了，假如大清可以隨便指定關稅，那英國不是白忙了嗎？咱們今天之所以各個國家都不會把關稅訂得特別高，是因為現在經濟早就一體化了，限制了外國商品進口，本國的經濟也會受到損失。可是當年的大清是個自給自足的農業國家啊！大清原本就不打算與外國貿易，大清打開了通商口岸也不怕，把所有的外國進口產品的關稅都提高到百分之一萬，這開放口岸不跟沒開放一樣麼？所以，英國一定要在《南京條約》中加上「兩國共同訂立進出口關稅」，剝奪大清指定關稅的權力。

清廷這邊從來不知道國際貿易的重要性，也就不懂得關稅的重要性，只把關稅當成一項普通的收入。英國人提出關稅固定爲百分之五，這是當時世界上最低的關稅，清方卻立刻同意了，因爲當時清方的關稅是百分之二到百分之四，只是各種非正式的雜稅很高，清方以爲關稅不降反升，自己沒有吃虧，實際上失去的是保護己國產業，和他國博弈的重要武器，在未來喪失了巨大的國家利益。

第五是「片面最惠國待遇」。「最惠國待遇」的意思是說：如果清朝在對外利益上給了其他國家任何好處，那麼也都得給英國同樣的好處，簡單來說，就是「利益均霑」。片面，就是說這個特權是單方面的，英國在大清國境內有特權，大清國在英國境內可沒有特權。

我們說過，商業效益最大化的前提，是需要有一個公平、開放的市場，設計「最惠國待遇」的目的，原本是要保證各個國家（比如西方各國）在某國（比如大清國）內的競爭是公平的，清政府不能透過關稅等手段偏袒某個國家，不能對英國的商品徵稅多，對美國的商品徵稅少，各個國家都得是一個待遇，但是清廷在槍炮之下被迫簽訂的一系列條約原本就沒有平等可言，「最惠國待遇」也就變了性質，英國要求這一條，是爲了在將來其他國家的對華侵略中不吃虧。

爲了得到片面最惠國待遇，英方費盡心機，不惜迎合清方愛面子的心理，在遞交給清方的檔中寫上了類似「爲了表示公平，清朝皇帝賜給其他國家的皇恩，我們英國也應該有」之類措辭謙卑的文字。清方一看，我們天朝對待番邦向來「懷柔遠人」、「一視同仁」，這正符合「朝貢體系」的一貫原則，也就糊裡糊塗的答應了。

最後一條是「領事裁判權」，又稱爲「治外法權」。「領事」就是外交官，「領事裁判權」的意思是，外國人在中國犯了法，中國官府沒有資格審判他，必須把這個人交給外國的外交官，由外國人自己處理。這就意味著外國人就算在中國殺人放火，中國政府也不能判刑，外國政府就算把凶犯無罪釋放，中方也只能乾瞪眼。毫無疑問，這是對一國主權極大的踐踏，然而令人匪夷所思的是：這條特權竟然是清政府自己主動提出來的。

清方官員的思路是，不是五口通商了嗎，還取消了官商，這下子外國商人都隨便上岸了，這麼多外國人湧進來，語言不通，風俗奇怪，這該怎麼管？清方官員聰明地想到：不如讓外國人管理外國人，這就可以減輕中國官員的壓力了呀！對於他們來說，百姓安危毫不重要，國家利益亦可出讓，自己當官的風險最小、最省事才是最重要的。於是，清方竟然主動提出要讓英國人擁有「領事裁判權」，英國人一看還有這便宜事，當然樂得接受，用孟森先生的話說，這是「英所未請，中國強予之」！

基於類似的思路，英方還提出英國的軍艦可以隨意進出中國的通商口岸，理由是這樣可以「管束本國國民」。清方官員一看，對呀對呀！這提議好呀！也答應了。實際上這等於讓上述五個港口對英國軍艦完全不設防，澈底失去了海上的防禦能力。

另外還有一項《南京條約》沒有寫出的後果。

在談判前，英國政府曾指示談判官員力求讓鴉片貿易合法化，但這些條件又不能出現在正式的文件中（英國政府也知道走私毒品很不光彩）。第一次鴉片戰爭後，清朝的前線官員早就打怕了，所以清朝官員便私下向英方保證不再查禁英國的鴉片販子。因此在鴉片戰爭後，鴉片走私在中國並未合法，但實際上已經暢通無阻。這一惡果一直持續了一百多年，一直到了民國，民國政府想大力禁鴉片也禁不住，很多軍閥和後來的日本侵略者爲了賺錢，都種植、販賣過鴉片，對中國人民帶來的傷害難以計算。

事情還沒完。

清朝末年到中國做買賣的外國人不只英國，還有美國、法國、荷蘭、西班牙、葡萄牙、俄國等等一大堆國家，這些國家之間問題重重，有時還兵戎相見，但是他們對中國的圖謀都一樣，都是想擴大自己的利益。

英國和清政府開戰的時候，其他國家都在圍觀，現在清政府和英國簽訂了不平等條約，美國和法國一看機會來了，都跳出來找清政府要求獲得和英國相同的權力。從法理上說，中、英戰爭關美、法兩國屁事，清政府完全可以拒絕，但是清政府以自己的思維去揣測別人，認為假如拒絕了美、法，這兩個國家可以找英國打掩護，偽裝成英國人謀取貿易利益，這樣美國和法國會感謝英國人；假如我們同意美、法的要求，美、法兩國或許能對清政府有好感，幫助清政府說話。另外，清方還考慮到，反正貿易利潤就那麼大，讓給一家和讓給三家的損失都一樣，還不如讓給三家，讓三國去爭搶。

鑒於這些理由，清政府痛快地答應了美國和法國的要求，簽訂了中、美《望廈條約》和中、法《黃埔條約》，內容除了沒有賠款和割地外，其餘特權與中、英條約類似，有一些特權，甚至比中、英條約還過分。條約簽訂後，英國援引「最惠國待遇」，把自己的特權也相應擴大了。

這些在我們今天看來是極為不平等的條約，在當時的清廷看來竟然成了中外關係的慣例。後來，又有西班牙、荷蘭、比利時、丹麥、瑞典、挪威這些從未參加過戰爭的國家（甚至其中一些真打也未必打得過清政府），也都爭著要和清廷簽約，清廷也分不清誰是誰，一看全是金頭髮的外國人，就都糊裡糊塗地答應了。

自此以後，清政府自以為豪的「朝貢體系」澈底崩潰，中國進入了和外國不停簽訂各種不平等條約的時代。

上帝的鬍子和耶穌的弟妹——

太平天國運動（上）

一

當西方列強在中國大地上肆虐的時候，清政府的統治者一定幻想過：要是沒有這些從天上掉下來的洋人，那歷史將會是怎樣的呢？

假如沒有外國人，歷史就會按照中國古代的興衰規律，清朝會因爲人口過多、土地兼併、貪汙腐化等無法克服的問題走向滅亡，而且這個時間點並不會比第一次鴉片戰爭晚多少。

追本溯源，禍根在康熙那裡。

農業社會，決定生產力的主要有兩個因素：人口和土地。中國古代社會的稅收也圍繞著人口和土地，一種稅是人頭稅，所有的青壯年男子都要繳稅，形式爲交錢和參加徭役；還有一種稅是按照土地來收，就是土地稅。

人頭稅有不少缺點：

一個是不公平。同樣兩個人，一個是大地主，占有幾萬畝土地，富得流油；一個是無產百姓，沒有土地，窮得吃不到飯，結果按照人頭稅，兩個人要繳的稅是一樣多的，這自然太不公平了。

一個是不安全。人口容易流動、藏匿，古代很多地方大戶都會藏匿百姓，讓百姓脫離國家的戶籍，這樣原本應該繳給國家的人頭稅就流到了地方豪強的手裡，白白讓地方坐大。在吃不到飯的年代，很多百姓爲了逃避人頭稅，還會選擇當流民，到處亂跑，這既不利於生產，也容易形成民軍。

因爲這些原因，從明朝就開始嘗試取消人頭稅，只收土地稅。清政府也看到了這個政策的好處，到了康熙時，宣布「滋生人丁，永不加賦」，就是說從現在開始，如果某個地區的人口數量增加了，那麼增加的這部分人口不再加收人頭稅。到了雍正的時候，又有「攤丁入畝」，就是澈底取消人頭稅，把人頭稅都攤到土地稅上來收，這意味著從此百姓以後多生孩子也不用承擔賦稅，於是大大刺激了人口增長。在當時的統治者看來，人口增加意味著國力增加，是個大好事，但他們不知道，當人口增加到一定極限後，人均占有土地和糧食開始減少，最終會導致經濟崩潰。

到了乾隆後期，人口暴漲的惡果已經顯示出來，大量百姓生活在飢餓的邊緣，很多人淪爲流民、匪徒，這些人都成了潛在的造反者。從乾隆晚年開始，中國各地百姓反抗不斷，清政府疲於鎮壓，年年都要支付巨額軍費，但是年年都有造反，按照這樣的趨勢，假如沒有西方列強的入侵，清政府最後也會亡於經濟崩潰之中。

第一次鴉片戰爭花光了道光的國庫，戰後還有賠款，這些負擔最終都壓到了百姓的身上，再加上中國各地又發生了多次自然災害，這些苦難加在一起，把很多百姓逼到了絕境。太平天國運動就是在這種情況下發生的，可以說，無論有沒有出現第一次鴉片戰爭，太平天國運動都會爆發。這場運動和中國歷史上歷次平民戰爭沒有本質區別，它們遵守相同的規律。

二

太平天國的首領洪秀全是一個普通農家子弟，洪秀全從小十分自負，認為自己一定能出人頭地。在那個時代，出人頭地指的就是讀書參加科舉考試，可是洪秀全長大後，前後參加了四次考試，都沒有考上，這意味著他出人頭地的希望基本破滅了，最終的結局很可能是當個窮酸的教書先生落魄一輩子。

在屢試不第的絕望中，洪秀全生了一場大病。病好後，他自稱在生病時夢見了一個金光閃閃的老人，老人告訴洪秀全，說你身負上天之命，要來人間斬妖除魔。正好當時廣州有西方傳教士印了很多宣傳基督教的中文小冊子，洪秀全到廣州趕考的時候順手拿了一本，了解了一些關於基督教的粗淺知識，洪秀全便把從小冊子中學來的知識和夢境結合在一起，認為夢中的老人就是上帝，自己是上帝之子，擔負著殺「清妖」，在人間建立天國的神聖任務。

洪秀全從此放棄了科舉考試，以上帝之子自居，開始在廣東、廣西一代傳教，建立了「拜上帝教（會）」。因為晚清經濟危機，當時很多百姓和地方政府、地主之間存在激烈的衝突，他們看到拜上帝教能夠讓自己免受地主和土匪的欺壓，便踴躍加入。

隨著拜上帝教的規模不斷擴大，在第一次鴉片戰爭結束七年多的時候，洪秀全在廣西宣布建立自己的政權「太平天國」，公開與清政府對抗。為了表示和清朝澈底區別，太平天國要求所有的成員都剪掉辮子，披散頭髮，因此被清軍和普通百姓稱為「長毛」。

洪秀全在廣西公開造反，清廷連忙數次調集軍隊鎮壓，甚至連林則徐也被派往廣西平亂，只是走到半路就因病去世了。

可是如前文所述，清軍承平日久、貪汙嚴重，戰鬥力退化嚴重，大多數清軍當兵是為了混飯吃，拜上帝教造反卻是為了活命，用「怕死」去打「不要命」，清軍那點裝備和訓練優勢已經可以忽略不計了。一些清軍將領跟在鴉片戰爭裡一樣，玩起了推諉拖延的戰術，帶著軍隊跟在太平軍屁股後面總保持一段距離。你說他追了麼？他也追了，可是每次都差上那麼一點追不上。

與之相對的，是太平軍所到之處不斷壯大。

中國歷史上由饑民引起的大規模戰爭，大多採用「機動作戰」和「裹挾」的辦法。具體的做法是：民軍打下一個地方後並不長久占領，而是把物資全都搶走，把願意加入隊伍的饑民全都帶走，一起去進攻下一個地區。

這麼做第一個原因是經濟上的。當饑民踴躍造反的時候，多半已經出現大規模饑荒了，打仗變不出糧食來，民軍要生存下去，唯一辦法是靠搶，去搶富戶、去搶官府的庫房，一個地方的存糧吃光了，就得轉移到其他地方，再去搶新的。

第二個原因是軍事上的。普通百姓缺乏訓練、組織渙散，面對職業軍隊的圍剿常處於劣勢，因此民軍必須發揮機動的優勢——就像游牧民族面對農耕民族時的優勢一樣，邊打邊走，避開官軍主力，哪個郡縣防守薄弱就打哪個。民軍自己沒有防守的問題，官府卻要分出大量的軍隊布防在各處關隘城鎮，官軍的實力因此被大大削弱了。

機動作戰還解決了民軍的兵源問題。民軍的主要兵源是饑民，可是古代通訊和交通不便，饑民沒有辦法千里迢迢地投奔外地的民軍，民軍邊打邊走，每到一地都可以收編大量饑民，因此在王朝末年的朝廷看來，民軍非常討厭：你分兵把守關隘、四處圍追堵截，戰鬥節節勝利，看起來馬上就要贏了，可是只要留下一個破口給民軍，脫離了包圍圈去了一個新的地區，民軍數量恢復了，糧草物資也充盈了，官府還得重新調動軍隊，重新布置包圍圈，又要花費大筆的軍費，因此，統治者常稱民軍為「流寇」。

太平天國早期的打法也是這樣。太平軍在廣西起事，這是中國最貧困的地方，之後一路向東北方向進軍，打下一個地方，把當地的錢糧和百姓一裹，城池一燒，根本不去防守，全體再去打下一個城市。清軍調集重兵，數次幾乎要消滅掉太平軍，都被太平軍突圍後重新壯大起來。

太平軍還有一些特殊的政策。

太平軍每到一地不僅搶劫官府和富戶，還要燒盡百姓的房屋，勒令百姓全都剃髮加入隊伍，這一招太狠，按照太平軍將領李秀成的說法：「鄉下之人，不知遠路，行百十里外，不悉回頭，後又有追兵，而何不畏？」房子被燒了，百姓不參加太平軍就沒法活下去了，那些因為房子被燒而加入太平軍的百姓見了其他的百姓，出於我家已經被燒，「伊輩何獨安處」的特別心理，又去主動焚燒別人的房屋，裹挾更多的百姓入伍。

民軍的弱點是缺乏紀律和訓練，戰鬥力差又難以約束，太平軍便借用《周禮》中的軍隊模式來管理百姓，對包括婦孺在內的所有成員採用軍事化管理，把兒童、老人、女性也編入到軍隊中。太平軍的紀律非常嚴格，對違規者常動用重刑或處死，這雖然殘忍，卻是在不提高成員教育程度的前提下，提高軍紀最有效的辦法，因此太平軍杜絕了清軍中常見的吸食鴉片、賭博、強姦等惡習，逃兵也少，再加上又有宗教信仰允諾犧牲者可以上天堂，戰鬥力反倒比清軍更高。

因爲以上這些優勢，太平軍從廣西一路移動作戰，一直打到了富庶的長江中下游地區，占領了重鎭南京。洪秀全把南京改名爲「天京」，在這裡定都。隨後太平軍開始向南京四周進攻，這次再打下城市就占下不走了，終於擴大了一些地盤，這才有了一個政權的樣子。

三

太平天國剛剛定都南京時，對清政府的優勢非常大。此時天下已經是遍地叛亂，造反的不僅僅有太平天國，還有捻軍、天地會（包括小刀會、紅錢會、三合會、三點會）等反抗組織。按照後人的分析，當時太平軍最好的策略是全力北上攻打北京，一舉把清政府推下來；次好的策略是在南方割據，南方是中國的經濟中心，又有海關的收入，經濟實力要比北方更強，太平軍在南方割據的時間越長，相對於北方清廷的優勢就越大。

然而太平天國犯了一個戰略錯誤，北上決戰和鞏固南方這兩件事想同時做。太平軍占領南京後，派出兩支隊伍，一支北伐攻打北京，一支西征占領長江流域的城市，因爲力量分散，結果兩支部隊都沒有達到戰略目標。

北伐的軍隊開始非常順利，一路收編北方饑民和各地的捻軍，最遠打到了距離天津五公里的地方，直逼北京。此時的情形讓人們聯想到明朝末年的李自成，彷彿闖王進京、崇禎上吊的歷史就要重演，當時北京城裡很多大臣、富戶都逃出京城，北京的商業區一片荒涼，車馬費用漲了幾倍，但是此時的南京正被清軍大軍包圍，無力援助北伐軍隊。結果這支北伐軍一直是孤軍作戰，在清軍的重重圍剿之下，到了天津時已經是強弩之末，最終沒能突破清軍防線，反倒因爲缺乏後援而失敗。最終北伐軍全軍覆沒，兩名優秀的將領被押到北京處決。

另一支西征部隊也不順利。雖然占領了一些地盤，但是沒能徹底消滅清軍主力，還有時刻被反攻的危險。因爲這兩支部隊都沒有達到戰略目標，太平天國失去了前期最好的機會。不過就算這樣，也足以和清廷長期對峙，眞正讓天國覆滅的，是另外兩個原因。

第一個原因是它的領導者洪秀全太過無能。洪秀全這人傳教、作政治鬥爭之類的小本事還可以，一到軍國大事上，才幹實在平庸。舉個小例子，統治南京期間，洪秀全長期不問政事，卻把大量時間放在文化改革上。因爲太平天國靠宗教起家，實行政教合一模式，這種政權的特點是在文化上有排他性，你是我的臣民，就必須信我的宗教，其他的文化全是邪魔歪道。

從維護統治的角度講，建立一套新文化也算是正事，可是洪秀全根本沒有創造新文化的能力，最後只能進行粗鄙無聊的改進。就像王莽一樣，洪秀全熱衷對生活中各種事物重新取名，他強行規定一大堆古怪難記的稱呼，比如：某某層級官員的妻子要稱爲「貴姒」，某某官員的妻子要稱爲「貴姬」，將軍的妻子稱爲「貴嬙」等等，規定了一大堆，正常人誰也記不住。

他還特別喜歡規定哪些字應該避諱。我們說過，「避諱」是古代的一種文字迷信，最常見避諱的字是父輩和皇帝的名字，平時寫字的時候遇到這些字都不能寫，要空出來，或者找同音字代替，或者少寫幾個筆劃。

避諱是個很煩人的事，所以有些皇帝乾脆在登基以後改名，故意把名字中的常見字改成一個生僻字，爲的是幫老百姓省事，最常這麼做的是宋朝的皇帝，清朝的嘉慶和道光登基後也改了生僻字，有可能也是爲了方便百姓。

對於避諱這事，很多皇帝寧可自己名字都換了，也不願意麻煩人，結果洪秀全反其道而行，規定了大量毫無必要的避諱，把很多他認爲不好的字強行改成吉祥話，比如：「戰敗」不能說「戰敗」，得說「戰勝」；「喪事」不能說「喪事」得說成「喜事」；還把「魂」、

「魄」等字中的「鬼」字旁一律改成「人」字旁，等等。

除了亂改文字，他還要制訂自己的曆法——「天曆」，可是他沒有任何天文學知識，只能胡亂修改，結果越改誤差越大，老百姓根本沒法用。因爲「天曆」和傳統農曆有誤差，所以「天曆」的新年和傳統新年不是同一天，結果他禁止老百姓過傳統新年，誰違反，誰就叫做「私過妖年」，要受到處罰。

不做正經事，一天到晚在這些無聊的事務上尋找存在感，這像是個合格統治者的樣子嗎？

當然，假如太平天國的主將個個都像他這麼沒用，那麼太平軍剛一起事就會被清軍滅掉，根本不會有後面的故事，可是洪秀全手下偏偏有幾個非常有能力的將領，這些將領幫助他打下了太平天國的江山，也因此埋下了天國覆滅的隱患。

四

縱觀中國歷史，凡是白手起家建立一番功業的領袖，無不是領導者能力極強，對屬下有絕對的權威，道理很簡單：在所有的政治結構中，強者獨裁的效率是最高的，領導者的任何命令都可以被下屬無條件的執行，不需要把力量浪費在內耗中。

太平天國的問題是，最上面的領導者洪秀全能力很弱，他下面的高級將領能力卻很強。在獨裁制度下，這種上弱下強的管理結構是極端不平衡的，很容易導致內部奪權，假如統治者超級弱，那也好辦，就像項羽滅掉他的君主楚懷王那樣，下屬輕而易舉地把權奪了，這對政權倒也沒什麼損失。但洪秀全偏偏是個「內戰內行，外戰外行」的奇葩型人才，統治政權的本事沒有，內部爭鬥的技術倒大過天去，結果太平天國也就劫數難逃了。

以今天的心理學來診斷，洪秀全這個人患有嚴重的「認知失調」，就是說，這個人內心所想的東西和客觀世界嚴重的不對應。洪秀全內心認定自己一定能出人頭地，結果屢試不中，就產生了認知和客觀世界的失調。認知失調會帶來內心巨大的焦慮（你要是自認爲是天才，結果次次考最後一名，你肯定也焦慮）。人的內心會自動用各種辦法消除這些焦慮，比如：自認爲天才卻考最後一名的人，他可能會爲自己找理由：「考試都是給笨蛋考的，考不出眞正的水準」、「我只是沒努力，只要努力輕輕鬆鬆拿第一」之類，這樣失調就被糾正了。洪秀全找到的辦法呢，就是病中的那個夢和他拿到的基督教小冊子。他自認爲是上帝之子，幻想自己有巨大的使命，這樣他的認知和現實才能調整過來——我現在落魄、吃苦，那是因爲我註定要完成偉大的使命呀！

基督教對於洪秀全來說，其實只是個糾正認知失調的藉口，他並不是眞的信仰基督教，也不具備足夠的基督教知識。洪秀全在妄想的時候，用的都是自己過去的知識，也就是中國傳統文化。他自述在夢中的上帝是個「頭戴高邊帽，身穿黑龍袍」，留著長長鬍鬚的老人，這哪裡是《聖經》裡的上帝？分明是中國傳統文化裡的天帝形象。

後來發展拜上帝教的時候，洪秀全也沒有多少基督教的知識可用，他所用的知識大都來自於中國的民間信仰。

中國老百姓都信什麼呢？

老百姓的信仰世界和知識分子不一樣。我們在書本裡談論佛教、道教的時候，說的是一套完整的宗教理論、神靈譜系，乃至於各種玄妙的哲理，但是樸實的百姓才不管什麼宗教理論，他們信仰一切「靈驗」、一切能立刻給他們回報的東西，菩薩也信、玉皇大帝也信、關老爺、土地公公也信，乃至於狐仙、扶乩、相面、喝香灰治病等等，凡是親朋鄰里說「靈」的東西，他們都來者不拒。

所有扎根於中國民間的教派都有類似的元素，比如：在清朝末年十分興盛的白蓮教，表面上看是佛教的一支，也信仰彌勒等佛教的神祇，但其實組織結構、宣傳方式、祭拜儀式都有大量民間巫術的成分。

洪秀全建立的「拜上帝教」也是一樣，表面上他號稱是基督教，實際上基督教只是一層外皮，骨子裡全是從中國民間巫術吸取的內容。洪秀全並沒有眞正的神奇法術，他要讓別人相信他是「上帝之子」，一是靠寫各種宣傳歌謠，告訴百姓加入「拜上帝會」可以消災避難，不加入就會有蛇咬虎傷；二是靠公開砸毀各種廟宇。那時百姓迷信，相信觸怒神靈會遭各種惡報，洪秀全高調砸廟、咒罵神靈，過後毫髮無傷，有些百姓就相信他眞的有神力。

這些招數是挺管用的，問題是：這些把戲你能做，別人爲什麼就不能做？而且別人的花樣比你還多。

在「拜上帝教」草創階段，有一次教會遇到巨大危機，洪秀全本人卻遠在廣州。教會中一個叫做楊秀清的人抓住這個機會，玩起了「降神」的把戲。

降神是中國民間巫術常用的騙人招數：施術者先召集眾人，手舞足蹈一番，隨後模仿神靈的舉止口吻說一堆話，再大叫一聲裝作昏厥過去，醒來假裝自己什麼都不知道。這種把戲簡單，容易矇人，所以在中國民間十分普遍。作家趙樹理於一九四三年寫的小說《小二黑結婚》裡就描寫了一位擅長降神的「仙姑」，她的段子叫做「米爛了」：說有一次她降神爲村裡大爺看病，胡言亂語到一半的時候，突然想起來鍋裡還煮著米，於是趁大爺上廁所的時候，趕緊向女兒說：「米爛了！」結果大爺正好回來聽見了，從此淪爲笑柄。

楊秀清是個普通的燒炭工人，他不像洪秀全那樣有一定的教育知識，能寫歌謠，楊秀清連字都不認識，所以他只能選擇沒有多少技術的降神。他第一次降神的過程十分粗鄙可笑：當著教眾的面，手中拿著粗製濫造的寶劍對著空氣胡亂比劃，好像在大戰隱形的敵人，口中還念念有詞：「（妖魔）左來左頂，右來右頂，隨便來隨便頂。」又喊：「紅眼睛，是好漢就過來，朕看你能變什麼怪！」然後對身邊的人說，我已經打敗了清妖，你們不用再擔心啦！

我們今天看著很可笑，可是這種騙術對於底層百姓的效果反倒更好。他的降神表演震懾住一干教眾，阻止了拜上帝會的分裂。

等洪秀全回到教會後，大多數教眾都相信楊秀清的附體，這讓洪秀全陷入了極爲被動的境地：洪秀全自己沒有眞正的法力，他的威信全靠騙人的把戲得來，假如現在要拆穿楊秀清的騙術，那楊秀清自然也可以指責你是假的，大家豈不都得玩完？沒有辦法，洪秀全只好順水推舟，承認楊秀清的降神是眞實的，於是，楊秀清從一名拜上帝教的普通成員，一躍成爲高層人物。

此例一開，後面就麻煩了，幾個月後，楊秀清的密友蕭朝貴也降神了。

楊秀清是個很有野心的人，洪秀全自稱是「天父（即上帝）」的二兒子，楊秀清在降神時便老實不客氣地聲稱自己是「天父」附體，當起了洪秀全他「爹」。蕭朝貴也想當個輩分高的，可是該當什麼才能壓過洪秀全呢？「天爺」還是「天叔」？《聖經》裡也沒說上帝還有兄弟、長輩啊！沒關係，洪秀全不是說自己是「天父」的二兒子嘛，那大哥的位置還空著呀！讓「天父」的大兒子附體不就行了！但問題是：洪秀全之所以說自己是二子而非長子，是因為《聖經》裡說上帝的兒子是耶穌，洪秀全總不能說自己是耶穌吧，他得替耶穌留個位置出來。可是洪秀全千算萬算，沒算出自己這幫苦兄弟能多沒有底線——蕭朝貴還就真聲稱自己是耶穌附體了！要知道，《聖經》、《新約》中最重要的一個預言是千年後耶穌再次降臨，到時候所有故去的人都會復活，天國降臨人間，這個預言是基督徒最大的期盼。結果蕭朝貴在短短的三年內，就扮演了一百二十次耶穌下凡，這要是讓西方虔誠的基督徒聽見了，直接就嚇瘋了啊！

蕭朝貴也是個普通的燒炭工，他降神時所說的內容更加荒謬，甚至說觀世音菩薩也在「天父」身邊，「天父」還要耶穌和洪秀全稱她為姐姐。換句話說，拜上帝教心目中的「上帝」並非是基督教裡的上帝，而是古代中國底層百姓想像中的神靈，就像相聲裡說老百姓想像皇帝的生活就是「蔥油餅隨便吃」一樣，拜上帝教也把中國百姓的世界搬到了天庭裡。

在一次次降神的胡言亂語中，「天父」的大家庭越來越龐大。不久，「天父」的三子、四子、五子、七子、六女、女婿都在拜上帝教裡現身了，他們甚至還替「天父」上帝找了個「天媽」，替「天兄」耶穌找了「天嫂」，「天兄」和「天嫂」還有五個孩子。正在羅馬教堂虔誠祈禱的教皇哪能想得到，此時在地球另一端廣西的偏僻小山村裡，有一批中國農民替上帝湊出了熱熱鬧鬧的一大家子，全都下凡過起家居生活來了。

五

到目前爲止，拜上帝教的問題還僅僅是混亂，但想不到的是：楊秀清還是個軍事和政治天才，統率能力一流，太平軍的勝利很多都要歸功於楊秀清。占領了南京以後，洪秀全貪圖享樂，在他的「天王府」（相當於皇宮）裡常年閉門不出，國事都委託給楊秀清，再加上楊秀清還擁有「降神」的便利，這促使楊秀清成爲天國的眞正統治者，也就形成了前文所說「領導者無能，下屬很有能力」的超不穩定結構。不久，楊秀清就不再滿足於久居人下，他要解決掉洪秀全，自己取而代之了。

占領南京城不到一年後，楊秀清就利用「天父下凡」的名義，斥責洪秀全苛刻對待宮女，列舉洪秀全命令宮女挖水池、把懷孕的宮女踢流產等惡行，要求洪秀全宮中的四名宮女搬到自己的府中，還要打洪秀全四十大板。洪秀全跪在地上忍受責罵，經過眾人苦勸，最後才免於被打。這是楊秀清對洪秀全的一次示威和試探，一則向天國的高級官員們證明自己的權威，二則試探滿朝文武裡有多少人支持自己，有多少人支持洪秀全。

此後，楊秀清多次利用「天父下凡」責罵洪秀全、整治洪秀全一派的將領。不到一年，楊秀清又借「天父」之口，指名楊秀清要在洪秀全之後「繼治天下」，明確宣布要當接班人。

在占領南京三年多後，楊秀清領導太平天國獲得一次輝煌的軍事勝利，他的聲望達到了頂峰。自從進入南京城後，洪秀全一直躲在宮中閉門不出，但這次楊秀清用「天父下凡」的名義，要洪秀全親自來到楊秀清的府邸，封楊秀清及其子爲「萬歲主」，洪秀全屈辱地答應了。

洪秀全雖然貪圖享樂，不問政事，但是到了性命攸關的時候一點也不輕率，他一面對楊秀清的所有要求都屈服答應，一面祕密聯絡幾名不順從楊秀清的天國將領。

楊秀清敗在得意忘形又太過殘酷。他居功自傲，對其他高級將領殘酷無情，因此得罪了很多人。當時蕭朝貴已經戰死，除了楊秀清外，天國最有實力的將領還有韋昌輝和石達開，其次還有秦日綱。這三個人常年受到楊秀清的欺壓，曾因爲一點小事，韋昌輝的哥哥被楊秀清五馬分屍，韋昌輝本人、石達開的岳父和秦日綱也都因爲各種小事，被楊秀清打了數百板子。

爲了便於自己控制南京，楊秀清把這三個將領都派往前線，南京城中駐紮著楊秀清的親信兵將兩萬人。楊秀清本以爲萬事穩妥，誰知道南京城中的洪秀全悄悄向在前線的三名將領下了密詔，命他們帶兵勤王。三個人裡，韋昌輝和秦日綱先到，兩人帶領三千士兵在半夜偷偷潛入南京城，趁著夜色包圍了楊秀清的府邸，隨即對楊府進行大屠殺。楊府中的所有人，無論是楊秀清本人、還是他的家人、僕人、侍從，不分男女老幼，全部被屠殺光，隨後軍隊大肆劫掠楊府。

此時南京城中還有若干忠於楊秀清的部隊，爲此，洪秀全和韋、秦想了個陰毒的計策。洪秀全公開下旨斥責韋、秦兩人殺人太多，要在天王府的門前公開責打兩人，還宣布不會株連楊秀清的黨羽，要他們來觀看韋、秦兩人被打。

兩人被打那天，果然有很多楊秀清的黨羽前來觀看。韋、秦兩人假裝被狠狠責打，圍觀的楊秀清黨羽見了，都相信了洪秀全的誠意。這些黨羽原本除了束手就擒和以死相拚外，沒有別的選擇，既然相信自己不會被誅殺，也就主動放下了武器，任憑關押。結果等他們全被關起來後，突然遭到了事先埋伏好的屠殺，伏兵用火槍和炸藥攻擊他們，眾人很快被誅殺殆盡。接著是全城大搜捕，大批被認為是楊秀清一黨的人，無論婦孺，都被抓住殺死，甚至連在楊府中吃過飯的婦女和兒童都不能倖免。在持續幾個星期的屠殺中，有數萬人被殺，大量的屍體順著江水漂出。

這時石達開才趕回南京，看到南京的慘狀，他責怪韋昌輝殺戮太重。已經殺紅眼的韋昌輝一不做二不休，打算也把石達開殺掉。就在進入南京城當天，石達開得到朋友的警告，連夜逃跑，當時城門已經關閉，石達開翻過城牆，縋城而出。這邊韋昌輝已經包圍了石達開的府邸，發現石達開已經逃跑，於是殺了石達開全家和僕人洩憤，又派秦日綱去追殺石達開。

石達開跑出城去找到自己的部隊，同時聽到了全家被殺的噩耗，立刻帶領軍隊回撲南京，要求洪秀全殺掉韋昌輝。韋昌輝匆忙組織軍隊，準備據守南京城。南京城附近有一座明朝建造的「大報恩寺塔」，整體用五彩琉璃磚瓦製成，極為華麗，被當時的外國人稱為世界七大奇蹟之一。韋昌輝因為擔心石達開的部隊會從這座塔上炮擊南京城，因此將這座稀世珍寶用炸藥炸毀。

可是無論再怎麼準備，韋昌輝的部隊都難敵石達開。此時洪秀全既忌憚石達開的大軍，又擔心韋昌輝反噬自己，於是打算除掉韋昌輝。韋昌輝一不做二不休，帶兵圍攻天王府，打算先下手爲強。據說在最危急的時刻，洪秀全讓天王府裡的婦女穿上男人的軍服，拿著武器，舉著石達開的旗子衝出天王府，韋昌輝以爲石達開背著他埋伏在天王府裡，大驚失色，全軍潰逃。經過殘酷的火拚，洪秀全最終殺掉韋昌輝，進而誅殺整個韋氏宗族，洪秀全還命人把韋昌輝的屍體割成兩寸見方的方塊，在城中各處懸掛展覽。隨後，洪秀全又把秦日綱抓回來殺掉，這才安撫住石達開，暫時保持和平的局勢。

以上這一大段亂七八糟的互殺事件，被後人稱爲「天京事變」。

由於太平天國對南京的控制很嚴密，有關「天京事變」的第三方文獻材料較少，現存各史料之間的矛盾極大，因此事變的具體細節今天還有很多爭議，這裡所寫的只是其中一種說法，幾乎每個細節，史學界都有不同的看法，就大的分歧而言，有人認爲並未發生楊秀清「逼封萬歲」事件，楊秀清不想謀反，是洪秀全主動要除掉楊秀清；也有人認爲，除掉楊秀清、誘殺楊秀清餘黨都是韋昌輝的私人行爲，洪秀全並不知情；也有人認爲韋昌輝才是背黑鍋的那個等等。

無論細節如何，可以肯定的是，當時的太平天國的高層之間存在著嚴重的權力衝突，爲什麼這麼說呢？因爲洪秀全作爲天國的最高首領，他想要除掉楊秀清和韋昌輝，正常的做法是透過行政手段下一道命令就把問題解決了，可是兩場誅殺都是透過激烈的軍事衝突完成，事後又有大規模的搜捕和誅殺，又有石達開的帶兵逼宮，這都說明天國內部的權力結構極為不穩定，已經到了不動用武力就無法解決問題的地步。

「天京事變」後，天國唯一剩下的得力將領是石達開，但是經過兩次血戰，洪秀全已經不再信任任何人，且不說石達開還有帶兵逼宮的歷史問題，因此洪秀全把政務委任給他的兩個無能的哥哥，讓他們來壓制石達開。

與此同時，大血洗讓石達開也沒法信任洪秀全，再加上被處處懷疑壓制，最終導致石達開領兵出走，他帶走了麾下的天國最精銳之部隊，向西邊進軍，一路輾轉征戰七年，最終兵敗被殺。

後期洪秀全一度重用弟弟洪仁玕，洪仁玕跟隨外國傳教士學習多年，接受了西方現代化的思想，他在天國的施政綱領《資政新篇》中提出了與外國平等外交、發展交通、興辦郵政、開辦銀行等現代化措施，眼光遠超同時代的中國人。

然而，個別人的眼光無法改變一個時代。洪仁玕受到上層的排擠，很快就被趕出權力中心，《資政新篇》只是停留在紙面上的空想。洪仁玕因為其遠見卓識在近代史上常占有自己的篇幅，然而他更像是歷史大河在岸邊偶爾泛起的浪花，美則美矣，卻和天國的主流背道而馳，無法左右天國的未來。

「天京事變」是太平天國由盛及衰的轉捩點，這場事變讓天國失去了全部的高層將領，陣亡了數萬將士，其中有很多人都是從廣西就開始加入的精銳。

更可怕的，是「天京事變」引起了巨大的信任危機，洪秀全從此以後不再信任任何異姓將領，他任用的兩個哥哥才能平庸至極，而那些有才幹的將領，總是受到打壓和制約，那些殘存的天國將領，他們經過如此慘烈的大清洗，開始對洪秀全保持警惕，不少人寒了心；至於下層將士，他們見到原本高高在上的諸王互相火拚、成了叛逆，免不了對洪秀全的神性產生質疑——你總說自己有無上法力，爲什麼還能任由叛逆坐上高位？你們都號稱是天父之子，是天上的兄弟姐妹，怎麼還互相打打殺殺？好好的政權，因爲你們內部互鬥，慘死了數萬將士、婦孺，這還算是什麼統治者？

很多人因此心灰意冷，當時流傳著這樣的歌謠：「天父殺天兄，總歸一場空，打打包裹回家轉，還是做長工！」

從此太平天國一蹶不振，幸虧後來又出現了兩位天才將領陳玉成和李秀成，又遇到第二次鴉片戰爭爆發、清廷自顧不暇，天國這才又勉強支撐了八年，最終被清軍剿滅。

六

除了權力不穩外，太平天國失敗的另一原因是政策上的異想天開。

洪秀全患有妄想症，他以爲自己擁有改天換地的神奇能力，因此在事變之初，洪秀全就打算要建立一個和以往社會完全不同的「人間天國」。太平軍所到之處，有著和整個「舊世界」劃清界限的氣勢，他們拚命毀掉一切傳統文化：燒毀佛寺、道觀、孔廟，搗毀孔子牌位、焚燒《四書五經》，兩部保存在江南的《四庫全書》也因此被毀。進入南京後，太平天國更是掀起了大規模的禁書、毀書運動，不僅把搜刮到的圖書全部銷毀，而且還大殺書商和讀書人，所謂「讀者斬，收者斬，買者賣者一同斬」，這毀書氣勢眞是賽過秦始皇，不讓乾隆爺。

洪秀全要把現存的一切舊的知識全部抹去，建立一個新世界。可是洪秀全是人不是神，他要建立新世界，不可能憑空變出新概念來，還是要向他自己的知識儲備——儒家書本裡尋找答案。於是，一個脫胎於《周禮》的《天朝田畝制度》出爐了。

了解王莽的都很熟悉《周禮》的社會規劃：建立一個極爲原始的自然經濟社會，在這個社會裡，沒有發達的商業，每家都有相同大小的田地，相同數量的牲畜。

我們今天知道，這種設計是完全不現實的，且不說在工業革命的大時代下，禁止商品經濟是一條死路，就算在古代中國，這個設計也是妄想，早在王莽改制的時候就已經證明過，而且洪秀全的《天朝田畝制度》比《周禮》更加極端，它禁止一切私人財物，要求留下每家必備的生活用品後，所有的財物都上交國庫，又禁止一切私人交易，這更違背社會發展的正常規律了。

幸好從始至終，《天朝田畝制度》都只是一個書面上的計畫，根本沒有實現，只是在天國的首都南京做到了常年禁止商業活動（在城門處可進行有限的交易），但這已經對經濟造成極大的破壞。一位在天國末年到訪南京的英國人記錄說，太平天國占領南京八年之久，卻沒有見到重建的跡象，天國對百姓收取的賦稅比清廷高三倍，「只靠搶劫來維持生存」。

有人認為，《天朝田畝制度》沒有實現是因為天國長期處於戰爭狀態下，無暇顧及社會改革，然而我認為，就算沒有戰爭的干擾，這個制度還是實行不下去，因為太平天國不可能只靠軍事力量去改變中國的政治結構。

太平天國以為自己燒掉了儒家的書籍，推倒了孔子的牌位，整個世界就進入新時代了，其實並沒有。

我來解釋一下為什麼。

我們曾說過，所謂「儒家思想」對於中國社會的最大意義是什麼？是建立了一套穩定的社會制度。

古代歐洲之所以長期處於四分五裂的分封制狀態，原因之一是那時的經濟條件有限，養不了那麼多的官僚。一個國家有那麼多的百姓，統治者應該照顧他們每個人的吃穿、調解民事糾紛、保護人身安全，這麼大的工作量，古代的歐洲政府根本完成不了，只能交給地方領主自己去管理。

古代中國是怎麼解決這個問題的呢？

中國面積更大，政府更完成不了這些事。古代中國的政府職能通常最低只能到達縣一級，再往下的鄉村就無力管理了⑦。負責管理鄉村的，是本地的地主、宗族，他們負責仲裁百姓糾紛、出資修橋補路、救濟貧苦，在動亂年代還要組織鄉勇保護地方，他們擔負起了基層政府的職能。

這本來不干太平天國什麼事，面對改朝換代，地主和宗族的原則一向是：上面你愛誰統治就誰統治，只要你不來搶我的糧、不殺我的人，保我一方平安我就願意與你合作。

⑦古代縣以下也有行政組織，如：鄉、里、保甲等，但影響力不及地主、宗族。

可是在唐朝出現科舉考試以後，這些地主、宗族的身分出現了一點點變化：他們不單單是地方上勢力最大的地主，他們還都是受過儒家教育的知識分子，造成這種現象有兩個原因：一是因爲科舉考試造成了大量的官員流動，每年都有很多官員因爲退休、罷官、辭職回到家鄉，這些人倚仗著過去的權勢，很容易成爲稱霸家鄉的大地主。另一個原因是在科舉時代，讀書、考試當官是個人最穩妥的出路。古代中國不講「私人財產不可侵犯」，官員可以利用各種特權豪奪地主的財產，所以稍有家產的人家，都拚命讓孩子讀書考試，久而久之，地主和知識階層也就合二爲一了。這種既有知識，又在地方上稱霸一方的階層，被稱爲「鄉紳」。在清末，鄉村的基層秩序都是由鄉紳來維持的。

鄉紳都是信奉儒家道德的讀書人，他們的權勢都來自於科舉功名，現在太平天國宣布儒家都是邪教，要把這些人曾經信仰的一切價值觀一夜之間毀掉，把這些人學了一輩子的知識全都歸零，這些人能答應嗎？這些鄉紳本身也是在用儒家道德來維持基層的秩序，現在說這些道德都是胡說八道，他們還怎麼維持地方秩序？

如果沒有他們配合太平天國的運轉，那麼平時維護地方秩序的瑣碎工作都由誰來做？

太平天國可以在表面上替自己脫下儒服、刪掉《四書五經》、天天背誦聖歌，但這些表面功夫無法改變中國以鄉紳和儒家道德管理鄉村的基本模式⑧。實際上不止太平天國，後來無論是清朝維新變法還是軍閥，都無力去重建中國的基層秩序。至於洪秀全，則要因爲自己不切實際的狂想付出代價：禁止儒學，讓他得罪了清朝的全體知識分子，失去了大量潛在的中層官員，讓各地鄉紳對天國的抵抗更加強烈，長年無法振興經濟，讓他失去了底層百姓的支持。

最後，他還失去了一個原本最有可能支持他的盟友：西方列強。

⑧孔飛力著，謝亮生等譯，《中華帝國晚期的叛亂及其敵人：一七九六—一八六四年的軍事化與社會結構》，中國社會科學出版社，一九九〇年第一版，第二〇四頁：「太平天國的官僚集團實際上與舊的清代制度一樣浮在上面。」第二〇六頁：「即使在治理得最成功的縣，太平軍的行政也存在著嚴重的缺陷。譬如：稅收的形式似乎引起了舊政權時存在的那種地方衝突：過重的和不定期的稅收，包括武裝沒收，引起了人民的武裝抵抗。其結果與清代統治下許多縣特有的抗糧運動沒有什麼兩樣，同時也引起了同一類型的地方軍事化。」第二〇七頁：「總之，許多縣的太平軍統治的建立（特別在運動的後期）無非是把太平天國的頭銜封給現存的地方領袖。」

心中天堂與人間地獄——

太平天國運動（下）

一開始，西方人對於太平天國很感興趣，甚至抱有一點好感。你想，假如今天中國人突然聽說美國德州有人起兵造反，準備一路打到華府，要在美國建立一個以孔子爲偶像，人人都誦讀《四書五經》的儒家王朝，那麼在瞠目結舌之餘，肯定也會對它有一點好感。

更何況太平天國控制的長江流域是中國最重要的商業地區，對外國在華利益有舉足輕重的影響，於是很多西方國家都想和太平天國取得聯絡，探探口風，把這個新政權拉到自己這一邊來，等將來天國推翻了清政府，自己國家的在華利益不就可以最大化了嗎？

這些外國人太天眞了。

我們說過，洪秀全並不是眞的信仰基督教，他的主要思想還是來自於曾經讀過的那些儒家書籍，因此不妨說，洪秀全的意識形態是「耶表儒裡」，他骨子裡還是把自己當成一個儒家的帝王。

儒家瞧不起「夷狄」，洪秀全一樣瞧不起外國人。在對外關係上，他其實就是清政府的翻版，他和清政府一樣認爲我堂堂中華乃天朝上國，外國人全都是低我一等的蠻夷。所以西方人在洪秀全那裡碰的釘子比在清廷那裡碰到的還狠。洪秀全面對外國人採用的是居高臨下的口氣：恩准你們這些番邦來朝貢——我允許你們進貢給我，這還是我「恩准」的咧！天國將領甚至對外國人說：你們不是都信奉基督教嗎，那我們的洪秀全是上帝的次子，所以他是「萬國眞主」，你們這些國家都必須服從他、幫助他。你說外國人這能答應麼？

退一步說，咱們不管西方的政治家、商人怎麼想了，就說西方的傳教士會不會看在信仰相同的分上，對這些東方兄弟多一些好感呢？

當然沒有。

在西方傳教士看來，太平天國那一套上帝二兒子、三嫂、六妹夫之類的玩意，全都是異端邪說，與外國傳教士辯論教義時，楊秀清曾得意洋洋地質問外國人：你們知道上帝多高嗎？肚子多大？長什麼顏色的鬍子？鬍子多長？戴什麼帽子？有幾個孫子？幾個孫女？耶穌元配是誰？生了幾個兒子？幾個女兒？都多大？外國人哪裡想到對上帝家查戶口的啊！直接被問崩潰了。

因爲信仰問題，太平天國與西方人的衝突遠多於合作。太平軍在攻占的城市裡抓到外國教徒，都要求他們按照天國自己的儀式進行禮拜，如果外國教徒拒絕，就會受到苦役等懲罰。

隨著太平天國在外國人面前不斷顯出「天朝上國」的姿態，西方人意識到，太平天國和清政府相比更不容易馴服。清廷已經和西方人簽訂了若干不平等條約，假如讓太平天國推翻了清廷，這些條約他們肯定不能繼續履行，因此西方開始在這場戰鬥中偏向於清政府。

其中最有名的是由美國人華爾組織的「洋槍隊」。

自從大清國被迫向西方開放後，來到中國的西方人除了軍人、商人和傳教士外，還有很多沒有正經工作，想到東方冒險，尋找機會發財的投機客，華爾就是這麼一個人。

在太平天國運動中期，太平軍逼近上海。前面說了，凡是太平天國占領的地方，都要收繳一切個人財產、禁止經商、捕殺社會的中上層，因此聽到太平軍要來，上海的中國商人都非常恐慌。那時西方還在太平天國運動中保持中立，華爾卻看到了機會，他向上海的中國商人建議建立一支僱傭軍保護自己。中國商人被他說服，出了一大筆錢，由華爾出面招募僱傭軍。

那時的西方人普遍瞧不起中國人，認爲中國人膽小、懦弱、自私、沒有紀律，不可能成爲好士兵，一開始，華爾也不相信中國人善於打仗，他招募的都是外國人——水手、逃兵之類。結果這支軍隊戰績並不理想，最慘的時候被太平軍擊潰，丟下了火炮、炮艦和一列裝滿了補給的火車，華爾本人也身負重傷，英國海軍司令還以華爾違反了西方的中立立場爲由，把他逮捕囚禁起來。

後來西方列強對太平天國的立場逐漸轉爲敵對，當李秀成率領的太平軍再次逼近上海的時候，英法聯軍決定放棄中立原則，協助清軍抵擋太平天國。

華爾被放了出來，他改變原來策略，改成招募外國人當軍官和教官，招募中國人當士兵，讓這些中國人使用西式裝備，接受西式方法訓練。結果效果出奇的好，這些中國士兵的戰鬥力非常強，給予太平軍重創。

華爾在西方人中的名聲並不好——前不久他還被英國海軍司令逮捕，作爲一個投機者，他既然受到清廷的高度讚揚，於是乾脆放棄了美國國籍，變成清政府的臣民，穿起了清朝的服飾，還與中國富商的女兒結了婚。

清政府簡直如獲至寶：那邊是花了無數錢財卻屢戰屢敗的官軍，這邊卻有送上門來的洋人將領和洋槍部隊，朝廷對華爾大加褒賞，封他爲三品大員，又賞賜了大筆錢財，還把洋槍隊改名爲「常勝軍」。

就在華爾如日中天，謀畫更大戰功的時候，他在一場戰鬥中被子彈擊中斃命。華爾死後，常勝軍由清政府和列強共同指揮。這時戰爭已經到了後期，清方負責管理常勝軍的是李鴻章，李鴻章對常勝軍既需要又忌憚，同時也看到了中國人在經過西方軍事訓練後的強大戰鬥力。在太平天國滅亡後，李鴻章想辦法遣散了常勝軍，又把精銳士兵和武器裝備吸收到自己的部隊中，爲將來訓練新式軍隊打下基礎，當然這都是後話了。

二

除了內部互鬥、政策失誤、失去西方人支持等大問題外，太平天國的滅亡還有個次要原因：一些太平軍領袖的個人品行令人難以恭維。

太平天國規定所有成員不許有個人財產，必須把一切財物上繳。看起來好像是個「天下爲公」的公平社會，然而統治者自己生活卻十分奢靡。早在太平軍剛起步的時候，剛剛打下第一個縣城永安，洪秀全就迫不及待地住進了府衙，把府衙改造成門禁森嚴的「皇宮」，又招納數十個女子爲后妃。

在南京立足後，洪秀全更是大興土木，修建宏偉壯麗的天王府，規模比紫禁城還要大一倍。建成後，他常年躲在天王府裡閉門不出，沉浸在享樂生活裡。據說他有八十八名嬪妃，宮女更是上千人，天國的其他高層官員如楊秀清等人的情況也是類似。

太平天國在南京城內實行絕對的財產控制，要求百姓把全部的財產上繳，每月的飲食統一發放。這對於吃不到飯的百姓是一個好消息，然而發放物資的多寡和地位高低有很大的關係，官銜越高，享受的物資越多，高級官員的享受更是無可計數，而普通的百姓只有能勉強糊口的口糧。

在漫長的中國古代史裡，女性一直是男人的附庸和財產，太平軍對待女性的方式不太相同。全家加入太平軍後都要被拆開，按照性別被安排在不同的軍營裡，連夫妻都不能自由相會。在這種制度下，天國的女性不再受到家庭的管束，過起了以軍營為單位的集體生活。

從表面上看，天國的女性地位似乎比男尊女卑的時代要高一些，然而天國如此安排的動機恐怕不是為了尊重女性，而是要最大限度地利用生產力。在天國的軍營裡，女性必須無條件地服從管理，有技藝的可以去縫紉織布，沒有技術的必須參加挖土、伐木、運輸等勞動。這些強體力勞動並非女性可以勝任，據清方的記載（當然免不了誇張和汙蔑）：「役使工作磨折以死者不可勝計。」天國甚至還直接役使女性參加戰爭。以現代的觀點看，提高女性地位的途徑之一就是允許女性參與和男性相同的工作，但是參加勞動應該以自願為前提，像太平天國那樣的強制勞役，性質就不同了。

後期天國為了平息基層怨言，禁止婚配的規定有所鬆動。但是官員和平民存在等級差別，官員等級越高，擁有的女性數量就越多，平民只能擁有一個，而且誰和誰結婚由官員指定。古代中國女性的婚配聽的是「父母之命」、「媒妁之言」，這當然是極大的不平等，但是好歹媒妁之言還要考慮一下「門當戶對」，有的父母還能聽取子女的意見。而在太平天國，完全變成官府指定，這其實是女性地位的倒退，更不用說最高層級的權貴者不用受制度的限制，可以隨意搜捕女性。因爲對婦女的需求量很大，太平軍攻陷一地後常會擄掠女性，甚至在《百姓條例》裡明文規定「所有少婦閨女俱備天王選用」，因此太平軍攻城後往往會伴隨婦女大規模自殺，相關的紀錄很多，不再一一詳述。

洪秀全骨子裡是個傳統儒生，他嚮往的是妻妾成群的帝王生活，他在天國的教育讀本〈幼學詩〉中寫道：「妻道在三從」、「女道總宜貞，男人近不應」、「只有媳錯無爺錯，只有嬸錯無哥錯」，講的還是儒家的那套三從四德。對於後宮妻妾，洪秀全無比專橫，動輒打罵，他爲後宮女子編寫了「十該打」的規定，禁止的並非偷盜、欺騙之類的大錯，而是些什麼「起眼看丈夫」、「問王不虔誠」、「躁氣不純靜」、「講話極大聲」、「有喚不應聲」、「面情不喜歡」、「眼左望右」、「講話不悠然」之類的小事，甚至連茶杯、痰桶端不正都要受懲罰——「捧茶不正難企高，拿涎不正難輕饒」，更有甚者，「一眼看見心火起，薄福娘娘該打死」，換句話說，只要他洪秀全看不順眼，就可以把女子活活打死。相比之下，清廷宮女的生活也很悲慘，但是紫禁城中尙有規矩，打宮女不可以打臉，每個宮裡還有一個負責執行家法的老太監，允許宮女去訴苦。洪秀全待宮女，眞是比清廷還不如。

前面說過，統治者的私德和他的政治成就不能完全成比例。天國高層貪圖安逸並不是導致其覆滅的主要原因，但是在偌大江山只打下了一小半，首都常年受到清軍圍逼的情況下還如此熱衷於享樂，這終究不是一個正常統治者應該做的。

三

大哥別笑二哥，太平天國屢屢自毀長城，清政府這邊一樣不好過。

太平天國運動爆發時，道光皇帝已經去世，繼位的咸豐皇帝就像他爸一樣，守成有餘而進取不足，面對太平軍能做的，不過是不斷地撥錢派兵，不斷撤換將領，並沒有什麼高明的辦法。

太平天國席捲大半個中國，清廷拿不出足夠的軍隊與太平軍作戰，有限的部隊只能做到防止太平軍進攻北京，以及對南京城持續施加軍事壓力，對於其他地方，尤其是長江中、下游地區，咸豐已經無力管理，只能把防守的責任推給「團練」。

所謂「團練」就是地方民兵。前面說過，古代中國的基層是由地主、宗族來維持統治秩序，當他們受到盜賊、流寇威脅時，爲了保護自己的利益，會出錢招募男丁組成民兵。顯然，團練屬於業餘武裝，也就能抓幾個盜賊、打打土匪，根本不可能和太平天國那樣的正規軍隊作戰。咸豐把這些地區扔給團練，其實就是撒手不管了，意思是你們自己頂住，朝廷只能在精神上支持一下你們了。

沒想到在這些團練之中，竟然出現了帝國的救星。

曾國藩是個標準的儒家大臣。按照中國古代的孝道傳統，官員的父母去世後，官員要暫時辭官回家三年，稱爲「丁憂」。咸豐要求各地大辦團練的時候，曾國藩正因爲丁憂，待在湖南的家裡賦閒，被咸豐選中當上了四十多個「團練大臣」中的一個。

曾國藩是個很能動腦子的人，他清楚清廷的種種弊病，知道現有的清軍已經腐爛到骨子裡，想要建立強大的軍隊必須另起爐灶，所有的人員、訓練、裝備都要重新來。

清軍士氣低，是因爲士兵是終身制，軍餉又低，說白了，打好打壞都一樣，給錢還少，那誰還好好打呢？曾國藩的軍隊採用僱傭制，他任命自己的湖南親友、學生爲將領，再讓這些人回到自己的家鄉，從貧苦農民中挑選士兵，每名士兵的薪水是普通家僕的十倍。清朝末年人口過剩，很多百姓沒飯吃，曾國藩拿出重金立刻就招募到了大批肯拚命作戰的士兵，這些士兵主要來自於湖南，湖南的簡稱是「湘」，所以這支部隊就被稱為「湘軍」。

在組織上，曾國藩模仿了明朝末年的戚繼光，用戚家軍的方式組織和訓練軍隊，又用儒家的孔孟禮教提升士兵的軍紀和使命感，每個軍官手下的士兵都是自己招募來的同鄉，這保證了服從性和士氣。曾國藩還採用優勝劣汰的方式，規定哪一支部隊打輸了仗，這個部隊就地解散；哪支部隊打贏了仗，就給該部隊軍官更多的錢，讓他招募更多的士兵。用這種辦法，湘軍仗打得越多，戰鬥力就越高。曾國藩還從西方人手裡購買了一些新式槍炮，保證了軍隊的戰鬥力。

所有這一切都挺好，唯一的問題是：打仗需要的大筆軍費從哪裡來？

反正朝廷拿不出來。

第一次鴉片戰爭已經把國庫打得差不多空了，現在出現這麼大規模的叛亂，經濟負擔更是史無前例。咸豐皇帝比他爸爸大方得多，國庫花光了，咸豐就動用皇室的私人財產，到最後皇室財產都不夠花了，咸豐命人翻檢倉庫，把乾隆年間鑄造的金鐘翻出來熔了做成金條、把皇宮中的銅器也收集起來化了做成銅錢。

可是到最後錢還是不夠用。到了戰爭後期，咸豐實在沒有能力下撥軍費，只能要求地方將領自己籌措資金。各地大員一看朝廷撒手不管，也就老實不客氣地開始截留稅款，從原本該上交給朝廷的錢裡扣下一部分當軍費。

對於團練，朝廷更不可能出錢。曾國藩籌款的辦法有兩個，一是找支持自己的地方大員出錢，二是在各地開闢新稅種。清朝原本沒有商業稅，曾國藩在其勢力範圍內設立很多關卡，對路過的商品抽稅，透過這些辦法，解決了軍費問題。

如果你足夠敏感，應該已經發現事情有些不對勁了：

湘軍的軍費是曾國藩自己籌措的，士兵是自己招募的，將領是自己選拔的，隊伍是自己訓練的，這樣一支軍隊，不就成了曾國藩的私人軍隊，曾國藩不就是歷代王朝末年的軍閥麼？

沒錯，湘軍就是曾國藩的私人軍隊，曾國藩在某種意義上也接近於軍閥。

尤其是曾國藩還是個漢人，漢人帶重兵，這對於清政府更是危險中的危險，所以朝廷十分不信任曾國藩，咸豐一度想要解除曾國藩的軍職，可是正規清軍的戰績實在太爛，當時的局勢已經到了除了湘軍，沒有任何一支軍隊能抗衡太平天國的地步；湘軍除了曾國藩外，別人又指揮不動。在太平天國又獲得一次大勝後，咸豐只能先顧眼前，重重提拔曾國藩，讓他統領數省軍務。手中有了權，曾國藩立刻大展手腳，湘軍實力大增，連續數次擊敗太平軍主力，最終以絕對優勢包圍了南京。

曾國藩號稱善於「打呆仗」。他不像一些軍事天才那樣動不動轉戰千里，而是喜歡在戰略要地安營紮寨，長期防守，等太平軍主動進攻，用防守來換取軍事優勢，以此減少自己的傷亡。

南京城城牆高大，湘軍包圍南京城後並不著急進攻，而是將南京城團團包圍起來，用飢餓來困住太平軍。

包圍持續了半年多，不僅城中餓殍遍野，最後連洪秀全自己都吃不到飯。洪秀全這時已經陷入妄想中不能自拔，他命令宮女在天王府中拔野草做成草團，聲稱這是《聖經》裡記錄的「甜露」，吃了可以益壽延年，自己帶頭食用。洪秀全因爲相信自己是神靈，有病從來不看，也不吃藥，此時身上已經有了重病。飢餓加上重病，讓他在清軍入城前就病死了，他的十四歲兒子繼位成爲「幼天王」。

洪秀全病死一個多月後，清軍炸開了南京的城牆，攻入城中，開始瘋狂地屠殺和劫掠，連普通百姓也成了被屠殺的對象，南京再次陷入到血海中。城破時，一些太平軍開始在城中點火，攻入城中的清軍也紛紛放火，尤其是耗費鉅資修建的天王府被清軍一把火燒爲平地。

混亂中，幼天王在將領和親兵的保護下，換上事先準備好的清軍衣服混出城外，投奔了洪仁玕率領的另一支太平軍。隨後這支部隊也被清軍擊潰，幼天王從亂軍中逃出，獨自流浪數日，最終被擒。幼天王從四歲開始就生活在天王府裡，沒離開過王府一步，極度缺乏生活常識，他天眞地祈求清廷放他一條生路，還說他打算將來考個秀才報效清廷——「如今我不做長毛，一心一德輔清朝」。

當然不可能了，幾天以後，幼天王就被殘忍地凌遲處死，太平天國除了還有一點餘部外，算是滅亡了。

此時的曾國藩已經是全中國最有權勢的人，他手下有十幾萬私家軍隊，戰鬥力遠遠高過其他清軍，他的軍隊控制著南方數省，掌握著這些省分的財政大權。清朝末年人口暴漲，但是所錄用的官員並沒有相應增加，因此很多讀書人考不上科舉賦閒在家，再加上太平天國又仇視儒生，因此有大量的知識分子、參謀投入到曾國藩的麾下。剿滅太平天國又讓曾國藩的聲望達到頂點。換句話說，現在的曾國藩要地盤有地盤，要軍隊有軍隊，要人才有人才，他身為漢人，只要打出「驅除滿人」的旗號，推翻清廷自己做皇帝並不是不可能的事。實際上，從天國降將到部屬親友，當時確實有不少人勸他造反。

然而曾國藩深受儒學教育，他的理想是當個儒家體系裡的道德模範。如果是在明末清初，儒家的政治正確是「漢夷之分」，是復興明朝驅除清廷，但是清朝已經進行了數百年的儒化，而且做得非常成功，已經把自己變成了儒家道德的正統繼承人，變成了「君爲臣綱」裡的那個「君」，在這個思想下，曾國藩恪守君臣之道才是儒家道德下的正確做法，造反超過了曾國藩的道德底線。

其實就算曾國藩不造反，他也大可以擁兵自重，要脅朝廷封他個王爵在南方割據，這樣既可以保名節，又可以當一輩子土皇帝，然而曾國藩對權力毫不留戀，在攻克南京僅僅十七天後，他就決定逐步解散湘軍，隨後只用了九天時間，就把圍攻南京城的主力部隊解散了一半。因爲湘軍還要負擔剿滅太平軍餘部、維持地方治安、鎮壓捻軍等職責，還不能立刻全部撤編，後來又用了四年的時間，把湘軍全部遣散完畢。

對清廷來說，曾國藩的功勞太大了。

曾國藩起兵時極爲不容易，他籌辦湘軍時正丁憂在家，身上沒有官職，也就沒有實權，所練的「團練」是民兵，沒有編制和地位，他是在沒有權力、沒有名分、沒有軍費、沒有朝廷任何支援的情況下，白手起家，硬生生籌辦出一支戰鬥力強大的隊伍，他在一線冒死奮戰，數次絕望差點自殺，可是身後的朝廷裡還不斷有人攻擊他的湘軍不合法，不時在後面拆臺、削弱他的力量，就是在這種情況下，曾國藩消滅強敵，挽大廈於將傾之際，又親自毀掉自己的基業，把到手的權力還給朝廷，曾國藩對於清廷是有再造之功的大恩人。

然而，曾國藩雖然肯激流勇退，不等於清廷能奪回對南方各省的控制權。湘軍為了擴張迅速，指揮高效，採用的是分級管理的制度，也就是說，曾國藩只能管理營一級的將領，營以下的官兵都是由營級將領自己招募、訓練，曾國藩不管，所以湘軍既是曾國藩的私人軍隊，這些營也都是各將領的私人軍隊。湘軍的營大都以家鄉為單位，士兵解散後回到家鄉，士兵之間，士兵和軍官之間，還都保持著密切的聯絡。

湘軍的軍餉數倍於普通人的收入，其中還有很多人原本在軍中當官，這些人回到家鄉後，不少人不再安於勞動生產，他們把手中的積蓄花光後，開始尋釁滋事，很多人加入了「哥老會」等民間幫會，後來部分人甚至起兵造反，曾國藩為了解決這些問題使盡了手段，但是晚清的經濟危機不是曾國藩一個人能解決的。

中國不可避免地朝著軍閥割據的深淵滑落。

四

在這篇的最後，我們多說幾句，講一個中國歷史的普遍規律：到了王朝末年，當朝廷能力越來越弱，面臨經濟崩潰的時候，會出現權力下移的現象。

具體的過程是這樣子：

隨著中央政府收入降低、能力下降，中央已經無力再維持一些地區的基層秩序，這時，就會有地方上的其他力量（比如：民間幫會）自動填補政府職能的缺失，替政府維持社會秩序、管理百姓，這些力量既然接管了政府職能，政府在基層的權力也就轉移到它們身上，說白了就是：誰能維持社會秩序，權力就在誰的手裡。

當中央力量下降的時候，維持不了基層的社會秩序，那麼基層就會自發地出現一些組織自己維持秩序，這些基層組織維持了秩序，基層的權力也就從中央轉移到了他們的手裡，這就叫「權力下移」。

你可能會問：你為什麼說一定會有地方力量接替政府職能呢？要是這個地區原本沒有基層組織，那又會怎麼樣呢？

那一定也會有老百姓站出來，自動組成一個類似的團體，其中的道理在於：維持秩序是人類社會的本能，所有人類，無論受教育程度如何，他們為了生存，在沒人維護秩序的時候，一定會自發地組織起來，自己動手維持秩序。

舉個例子。外國有些黑道（黑幫）靠向商家收保護費為生，表面上看，收保護費是勒索行爲：黑道威脅商家，說你不交錢我就砸店，然而如果黑道是長期穩定地收取保護費，那麼這個保護費的本質，其實是商家讓黑道來維持秩序的服務費。比如外國電影裡常有這樣的情節：黑道找商家討要保護費，要到之後就說：「以後你這個店就是我罩著了，以後再有人找你的麻煩，就提我的名字。」這就是說，當地政府沒有能力阻止流氓騷擾店家，沒能履行維護治安的職責，黑道來把這個工作做了。

爲什麼會出現這種情況呢？難道黑道就不能只勒索錢，而不去保護商家嗎？

邏輯是這樣子的：當政府不去維護一個地區的秩序時，這個地區就變成了無政府狀態，成了誰拳頭大誰就能搶到錢、混混、流氓之間亂打亂殺的世界，就像原始社會的人爲了自保，都會結成部落一樣，流氓們爲了能在打打殺殺的世界裡活下去，他們也會自發建立各種組織，這些組織之間經過互相打殺後，或者是由一家統一，或者是各家都打怕了，不得不和平共處，總之早晚會穩定下來。

大家不打仗了，那幹嘛呢？組織首領要個人享受，底下那麼多成員每月要薪水，組織之間的互相傾軋還需要儲備人手和武器，這些都需要大量的資金，流氓們又不願意辛苦勞動，錢從哪來呢？搶其他勞動者，譬如：搶劫商戶是一個不錯的辦法，但如果一次把商戶都搶光了，或者把人家都嚇跑了，那接下來該搶誰呢？黑道又不是民軍，不能攻城掠地，走哪搶哪，他為了維持生存，必須要保護本地商戶的生產，然後才能持續不斷地獲得保護費。因此黑道在收取保護費後，會阻止其他流氓騷擾商家、破壞生產，甚至還會主動維持商業秩序，懲治惹事的客人，幫助商家擴大經營，以便他們能收取更多的保護費，所以在收保護費的同時兼維持社會秩序，其實是黑道的最佳選擇。

當然，這裡並不是說黑道有多好，黑道沒有制度上的制約，統治者往往為了一己私利鼓勵賭博、販毒、色情等利潤高卻傷害百姓的行業，遇到缺乏理性的統治者還會隨意屠戮殘害百姓，被它們統治是一件極其可怕的事。

繼續剛才的假設。假如說政府職能擴大，有能力維持基層秩序了呢？那黑道就會自動退出這個行業了，因為黑道要是再找商家收保護費，商家報警就行了，黑道只能改去維持那些非法行業的秩序，比如：色情、賭博、走私等行業，因為這些行業沒法要求政府保護他們，不得不求助於黑道。

王朝末年的情況類似。當王朝經濟崩潰時，壓力最先壓向基層：朝廷會不斷增加稅收；出現戰亂、盜賊和災荒時朝廷又無力保護地方，任由地方自生自滅，就像咸豐要求地方大練「團練」一樣。

古代中國的底層主要有兩個階層，鄉紳和普通百姓。當經濟崩潰的壓力壓下來時，最先承受不住的是百姓。

這是因爲鄉紳雖然是在用儒家道德來維持鄉村秩序，可是「儒表法裡」，鄉紳在儒家的道德規範之下還有一層私心，鄉紳們當然願意不斷擴大自己的利益，變得更有錢、生活更舒適。在經濟富足的年代，鄉紳們利益最大化的選擇是維持鄉村的基本秩序，在災年拯救貧苦、讓最窮最苦的人有飯吃，不至於打砸搶燒，這樣才能維持鄉村的農業生產，鄉紳們也能儘量多收地租。

但是在經濟崩潰的年代，貧苦百姓已經沒有飯吃了，上面朝廷稅賦還在層層加碼地壓下來，鄉紳們又該怎麼辦呢？掏出自己的存糧救濟百姓，應付官府？偶爾一年兩年可以，能永遠填補下去嗎？整個國家都入不敷出，一個地主家裡的糧食能填得滿嗎？不去救百姓，那鄉紳又該怎麼辦呢？振臂一呼，帶領百姓反抗朝廷？也不現實。在百姓全面暴動之前，鄉紳家裡還有吃有喝，有較高的社會地位，身上的「功名」還是朝廷給的，爲什麼要放棄社會地位和家裡的土地去造反呢？

所以大部分鄉紳的反應，只能是坐視饑民哀嚎，自己勉力維持，可是這就意味著鄉紳已經不能保證老百姓吃飽穿暖了。百姓最基本的生存需求都提供不了，那還算什麼地方秩序的維護者？老百姓只能尋找其他能保護自己的人，也就是前面說的白蓮教、天地會、哥老會等民間幫會。這些民間幫會大多充滿江湖氣息，成員互相稱兄道弟，一家有難，四方支援，挨餓、生病，大家湊錢幫你度過難關，和別人有糾紛，大夥一起爲你爭利益。在亂世裡，這樣的組織，老百姓怎麼可能拒絕呢？

另外，有些鄉紳對待鄉民過於嚴酷，有些鄉紳能力不足，無法處理當地糾紛，也會催生民間會社，太平天國的誕生就是類似的情況。

最早「拜上帝會」在廣西傳教的時候，主要的成員是「客家人」，這些客家人是因爲清廷的墾荒政策從外地搬到這裡，他們和當地人之間有激烈的衝突，鄉紳和官府偏袒當地人，不能很好地處理這些衝突，於是這些客家人就加入了「拜上帝會」尋求保護。後來那些被遣散的湘軍加入「哥老會」也是類似的情況，那些官兵沒吃沒喝，又沒法融入正常生活，鄉紳也不可能白養他們，這些人就只能求助於民間自發的組織。

我們繼續剛才的假設。

剛才說到，假如朝廷和鄉紳管理不力，那麼基層就會出現各種民間組織，老百姓自己保護自己，假如社會秩序進一步惡化呢？社會壓力持續不斷地壓向老百姓，壓到一定程度，老百姓就會鋌而走險，就會出現暴力行爲，也就是流民集體搶劫富戶、民間組織暴力抗稅，甚至是盜賊占山爲王，到了這個時候，危機就開始蔓延到鄉紳階層了。假如這時政府還是沒能力維持基層秩序，那麼鄉紳為了自保，就要加強自己的防衛力量：建築堡壘、訓練民兵，這就是各式各樣的鄉勇、團練，這些人壯大以後就是我們所說的「地方豪強」。

假如秩序再一步惡化，已經出現太平天國、李自成那樣大規模的民軍了，這些軍隊所到之處還伴有嚴重的破壞和劫掠，朝廷還是管不了，這時，如果地方上有人能自己籌錢，自己組織軍隊把民軍打跑，恢復社會秩序，那這些恢復秩序的人，就是我們所說的「軍閥」。

地方豪強和軍閥只要能自己站得住腳，維持了自己這一塊的社會秩序，那他們就擁有了統治這個地區的權力。

換句話說，軍閥為什麼能割據一方呢？那是因為在戰亂中，政府沒有能力維持地方秩序，你沒盡到統治者的責任，你也就失去了統治地方的合法性。軍閥能驅趕民軍，恢復地方秩序，他也就因此得到了統治該地的合法性。

所以，遍地而起的軍閥最容易出現在「席捲全國、帶有劫掠性質的戰爭——朝廷無力抵抗，地方有效抵抗」的情況下，這就是東漢末年和唐朝末年的情況。東漢是席捲全國的「黃巾之亂」被地方勢力掃平，唐末是「安史之亂」被地方掃平，隨後都出現了大範圍的軍閥割據；明代的李自成也席捲了半個中國，也是伴隨大規模劫掠，最後也被人滅掉。之所以沒有出現大規模軍閥，是因為滅掉李自成的不是地方勢力而是清軍，清軍所到之處沒有劫掠，而是力圖恢復地方秩序，所以最後是清廷擁有了統治中國北方的合法權，他們在中國北方受到的反抗要比南方小很多。

清朝末年屬於漢、唐這一類型，在太平天國運動的後期，朝廷拿不出軍費，讓各地督撫[9]自己去籌錢，自己去組織軍隊，朝廷把財政權和軍權下放到省一級，也就減少了各省對朝廷的依賴。最後，北方的太平軍被朝廷軍撲滅，朝廷重新掌握了對北方的控制權；但是南方的太平軍靠的是地方團練和督撫打敗的，所以戰後南方省分也就獲得了更大的獨立性。

在太平天國覆滅以後，中國南方好幾個省分的督撫可以在省內自己籌錢、自己組織軍隊。正常情況下，國家所有的官員，直到最下面的縣一級，都應該由朝廷委派，而太平天國後，很多省分中層以下官員的任命權已經到了督撫的手裡，一些有實力的督撫甚至可以影響朝廷的政策，或者對朝廷命令陽奉陰違，這爲清政府的覆滅埋下了禍根。

⑨「督」是「總督」的簡稱，大多統轄數省行政；「撫」是「巡撫」的簡稱，管理一省的政務。

如何讓一個人相信上物理課是浪費時間——

第二次鴉片戰爭（上）

一

假設有一天半夜，你睡眼惺忪地起床上廁所，正揉眼睛呢！突然眼前晃過一個黑影，再定睛一瞧，黑影不見了，家裡一切正常，這時候你應該是什麼反應呢？是咆哮「啊啊啊！這世上果然有鬼存在，鬼這個東西沒法用物理學解釋，這說明物理學都是錯誤的，牛頓全都是胡說八道，我還是不要上物理課了，因爲純粹就是浪費時間啊！」還是說「呃……我剛才一定是眼花了」呢？

肯定是後者對吧！我的意思是說，當我們遇到一個嚴重違背常識的事件，我們的正常反應，是在已有的知識框架內去解釋這個事件，而不是把過去所有的知識全都一股腦推翻。

對於清政府來說，「中原文明遠超周邊文明」、「儒家道德是歷史的最佳解」，這些都是有史以來從沒有差錯的常識，第一次鴉片戰爭的失敗，則是一次個案。

作爲正常反應，清廷並不因爲這一次戰敗，就認爲整個儒家制度都不行了，清廷的反應是：這次失敗只是因爲一些技術性失誤導致的。

第一次鴉片戰爭的打法基本是這樣的：在開打前，前、後方的官員按照過去的世界觀，都認爲英夷不堪一擊，朝廷大軍一到，夷人立刻爲齏粉。等到開打以後，前線的官員先傻了，發現根本打不過，但是之前的奏摺裡，對皇帝的大話已經說出去了，都說英夷弱不禁風，尤其不善於陸戰，你現在被英國人攻陷了炮臺和城池，這你該怎麼解釋？

聰明的官員們找到一個很合適的替罪羔羊：漢奸⑩。我們打不過洋人的軍艦，是因爲有士兵和洋人約好，放一聲空炮就能得一大筆錢；我們守不住城池，是因爲帶頭攻城的不是英軍，而是漢奸部隊；我們反攻失敗，那是因爲有漢奸向夷人報信。皇帝你看：原來不是我們守城不力，都是漢奸壞事！

當然敗了還是敗了，皇帝還是很生氣。在皇帝這邊看來，問題的關鍵是用人不當，前線官員連區區蠻夷和漢奸都搞不定，說明他是廢物啊！那我換個更厲害的大臣不就把事解決了嗎？

於是皇帝撤掉前線大員，從內地和朝中選擇猛將調到前線。後方大臣不知道前線的情況，他們出發的時候向皇帝胸脯拍得極響：放心吧！這點事，奴才我一去就搞定了！大話說完，走到前線打了幾個回合……皇上！有漢奸！

所以在清廷看來，打敗仗就是因爲兩個原因：「漢奸」和「用人不當」。前線的問題

⑩ 清政府在官方檔案裡常把裡通外國的中國百姓稱為「漢奸」，如：林則徐有〈焚剿夷船擒獲漢奸摺〉，裕謙的奏摺中有「轉為漢奸勾去……」等。

是有漢奸幫助英夷；官場的問題是打仗的武將無能，和談的文官賣國；皇帝的問題是用人不當。這些戰敗原因完全符合中國傳統的世界觀：夷人的軍隊不堪一擊，朝廷只要能用好官、用清官，就能解決一切問題，至於先進的科學技術和社會制度？清政府的腦子壓根沒往那個方向想。

剛打完第一次鴉片戰爭，美國和中國談判的時候，美方為道光皇帝準備了一批禮物，包括航海地圖、地球儀、電話機、望遠鏡、氣壓計、溫度計、手槍、火槍、蒸汽輪船模型、蒸汽挖掘機模型，還有大量軍事、地理、化學著作，甚至還有全套的《美國百科全書》，這是清方快速了解西方文明，學習西方科學技術的最好機會。結果，這批珍貴的禮物被清朝官員當作「奇技淫巧」而拒絕了。

一年後，俄國政府因為清政府贈送藏文《大藏經》，回贈各類圖書八百餘冊，涵蓋政治、經濟、軍事、文化、科學、工藝、地理等，另有天文、地理儀器。清政府倒是收下了，但只翻譯出了書名就束之高閣，沒人願意去看。

雖然第一次鴉片戰爭打完了，但清政府根本沒有認清現實，根本沒打算看看外面的世界，也意識不到自己和列強之間的差距，所以清廷和列強之間的問題並沒有解決，雙方的衝突早晚還會發生。

二

道光皇帝年輕時也是個機敏果敢的人。在他三十一歲，尚爲皇子的時候，有一天，一群天理教徒手持兵刃衝入紫禁城，殺了很多太監、守衛，危急時刻，道光用火槍連續打死兩名試圖翻牆的教徒，嚇退了敵兵，避免了一場血洗皇室的慘案。爲此，道光的爸爸——嘉慶皇帝對他很欣賞。

但是，清朝皇帝非人的童年教育和超重的工作壓力，把年輕人的銳氣全都磨掉了。第一次鴉片戰爭結束時，道光已經六十歲了，在皇位上也坐了二十多年，想當年，他剛登基的時候，清朝已經是遍地鎮壓不完的民間叛亂，他兢兢業業地維持這份家業，辛辛苦苦做了二十年，結果最後與一群聽都沒聽說過的夷人打仗，甚至打到割地賠款，這破工作還有什麼意思？

第一次鴉片戰爭後，道光對「夷務」有了逃避心理。戰後，有大臣向他進獻西方先進的燧發槍。道光當年可是用火槍打過賊兵的人，一見這槍就愛不釋手。那個大臣趁機提出仿造，道光卻回答說：「卿之仿造一事，朕知必成望洋之嘆也。」他想到仿造武器的麻煩，連試試都不願意試試。但你是皇帝啊！仿造不過就是你動一下嘴皮子就行了，就這麼點事，他也不願意做，只要事情不火燒眉毛，得過且過就行了。

第一次鴉片戰爭結束八年後，道光皇帝去世，二十歲的咸豐繼位。咸豐年輕，心氣高，恨不得立刻就能重新奪回帝國的尊嚴，更何況，之前打不過英夷的原因僅僅是因為用人不當，那不太簡單了嗎？只要皇帝能重用有才幹又勇敢的大臣，這事不就解決了嘛！

有兩件事加深了咸豐心目中的這個想法。

第一件事是「三元里事件」。「三元里事件」的大致過程是：在第一次鴉片戰爭裡，一隊全副武裝的英軍在廣州附近被鄉民包圍，付出了不小的傷亡。這場由普通老百姓打的仗，戰績要比大部分清朝正規軍打得都漂亮，這極大的激勵了朝廷，讓咸豐等人更加相信英夷不可怕，只要充分利用「鄉勇」就能打敗外國人。

第二件事是「廣州入城事件」。按照《南京條約》，中國「五口通商」的五個口岸都要對外國人開放，允許外國人自由居住。條約簽訂後，其他四個口岸都按時開放了，只有廣州出現了問題：清政府答應開放，可是廣州的百姓不答應。

其他幾個口岸在戰爭前沒接觸過外國人，還算好，廣州可是在過去幾十年裡一直都與外國人貿易，而且一直把外國人當成二等公民。那時候外國商人在廣州行事小心翼翼，經常靠行賄送禮討好中國人；現在夷商一夜間變成了有了領事裁判權的洋大人，廣州百姓的心理落差太大了。而且在第一次鴉片戰爭中，英軍曾圍攻廣州城，以攻城為威脅，勒索了六百萬元的贖城費；鴉片戰爭後，又因為開放了五個口岸，讓廣州失去了對外貿易的壟斷地位，貿易額下降，廣州商人的利益受到打擊，這件事也怨到了英國人的頭上。

更可恨的是英國人的暴行。

相比習慣沿途劫掠的清軍，其實英軍的軍紀還算可以。在戰爭中，英方曾經處死過一些搶劫的軍人，也主動維護過統治區的秩序，但那個時代，世界各國的軍紀本來就普遍差，再加上英國人對亞、非民族的歧視心理，導致英軍在中國的劣行非常多，只看英國人自己的紀錄就數不勝數：英軍有時會割掉俘虜的辮子，或者把一群人的辮子綁在一起遊街，還有頻繁的搶劫、毆打、強姦（但英方的紀錄總說強姦是印度士兵做的）、毀壞寺廟等暴行，至於搶劫百姓食物用以補給更是常態。在廈門為了報復船員被百姓毆打，英軍曾焚燒了兩個村莊。

鴉片戰爭結束後，還有一些品行惡劣的外國人仗著自己有領事裁判權的保護，在中國欺壓良善。有一次，一名素來以暴虐出名的英國商人與廣州小販發生爭吵，英國商人毆打了小販，並把他拖進英國的洋行，附近的中國百姓憤怒不已，一大群人圍在洋行門口要求放人，結果英國商人開槍，打死了三名中國商人。這件事釀成了中英外交危機，最終交涉的結果，是那名英國商人賠錢了事。顯然，這對於習慣「殺人償命」的中國人看來，極為不公平。

因為這種種衝突，廣州百姓對英國人有極大的民憤。道光時的兩廣總督曾經想履行

《南京條約》的承諾，開放廣州城，結果這位總督受到百姓的圍攻，被百姓燒了衙門，總督不得不改變決定，禁止外國人入城。

於是英國人就因爲進入廣州城的問題和清政府僵持不下，雙方僵持了好幾年，最後英國人考慮到民憤太大，就算住進廣州城也太危險，於是和廣州商定暫不入城，以此換來清方保證不將舟山群島割讓給除英國以外其他國家的承諾（當時盛傳法國有此圖謀）。

在清方看來，英國人最後答應不進入廣州城是一次重大的外交勝利，證明了英國人的確怕中國的民憤，這讓咸豐皇帝更加相信百姓的力量是無窮的，只要激發百姓的愛國之心，消滅英國人不是問題。

三

然而，咸豐想錯了。

且不說普通百姓根本無法抗衡專業軍隊，就是咸豐相信那個普遍的愛國之心，其實都未必存在。

為什麼這麼說呢？

我們今天都知道愛自己的國家是理所當然的事，然而在古代，很多底層百姓並不知道自己屬於什麼民族，是哪國人，原因很簡單：沒有人告訴他。

你要讓一個人愛國、愛自己的民族，你先得告訴他：國是什麼？民族是什麼？你光拿張地圖指給他看，說：「這是中國」、「你是中國人」，這還不管用，你還得告訴他：國家和你是什麼關係？為什麼國家值得你去愛？

換句話說，愛國主義需要以普及教育為基礎。

中國古代可沒有普及教育，古代的普通百姓接受的是儒家的道德教育，傳統儒家不講「愛國主義」，只講「三綱五常」，只要求百姓聽父輩、族長和官府的話，而且對於普通百姓，你就算跟他講「你要忠於朝廷、忠於皇帝」這種話也沒有用，因為朝廷和皇帝離他太遠了，他在生活裡根本接觸不到，也就不可能產生感情，他們只對自己的村落、宗族、家庭產生感情。

說白了，傳統農村的底層百姓只愛自己村子、只愛自己的家，他們因為歷史的侷限性，並沒有產生現代的國家意識。在改朝換代的時候，只要沒人來殺人搶劫、過度收稅，底層百姓並不在乎誰是統治者，正因為這個原因，在清末的列強入侵中，我們能看到大量中國百姓和侵略者合作的例子：他們與侵略者交易，爲侵略者提供飲食、擔負物資、指引道路；在離戰場很近的村莊裡，村民「神情痲木地端著飯碗，吃著米飯……儘管他們看到外國人正在和自己的同胞打仗」，以及魯迅先生所描寫的「痲木的中國人」：一群中國人事不關己地看著自己的同胞被侵略者砍頭。

這幅場景，正是那句著名的「國不知有民，民不知有國」。以今天的立場看，這些人是十足的「漢奸」，當時的清政府官員也確實怒斥他們是漢奸，但是對於沒有受過愛國教育的他們來說，這責任應當由清政府來負才對。

近代史上所謂的「民憤」，往往是在外敵侵犯了百姓家鄉、親人的時候，才會激起。到了第一次鴉片戰爭的最後階段，有一場「鎮江之戰」，在這場戰鬥裡，英軍陸軍近七千人攻打鎮江，清軍只有約一千六百人，英軍在人數上占絕對優勢。最終的結果是城市被英軍占領，英軍三十九人陣亡、一百三十人受傷、兩人失蹤；清軍兩百多人陣亡、兩百多人受傷、七十人失蹤。

從數字上說，這是第一次鴉片戰爭中，清軍打得最漂亮的一場仗。根據茅海建教授的分析，英軍損失較大的原因有兩個：一是英軍輕敵。在攻城前，海軍沒有對城市進行炮擊，而在之前的戰鬥裡，大部分清軍是在海軍的炮擊中逃跑的。第二個原因，清軍中有一千多人是

「駐防旗兵」，他們作戰極爲英勇，不像其他戰爭中輕易潰退的清軍，很多士兵戰鬥到最後一刻，哪怕自殺也不投降，這是爲什麼呢？

清軍入關以後，爲了能以少數滿洲士兵統治多數漢人，產生了「駐防兵」制度，就是在重要的城市裡面劃出一塊地來，建造城牆，圍成一個獨立的區域，稱爲「滿城」。在「滿城」中長期駐紮一定數量的旗兵，稱爲「駐防旗兵」，用來監視漢人、威懾地方。駐防旗兵大多和家屬一起長期駐紮在一個地方，時間一長，他們駐紮的城市也就成了自己的家。當時中國民間盛傳英軍的種種暴行，說英軍一旦攻陷城市後就殺人、強姦，無惡不作，因此在鎮江之戰中，這一千多駐防旗兵才要誓死抗爭，他們不是在爲國戰鬥，而是在保護自己的家，他們完全沒有退路，只剩下以死相拚這一條路。相比之下，同樣在鎮江之戰中，那些外省來的清軍和英軍一觸即潰，很快就撤離了戰場，基本沒受到什麼損失。

這就是說，晚清時，普通的中國百姓和很多士兵的確很英勇，但英勇往往只發生在自己的家鄉被荼毒的時候，而這種精神只能用來對付小規模敵人，在面對大部隊劫掠的時候毫無用處，因爲各個鄉村之間不能團結一致。中國歷史上，大軍所到之處隨意劫掠屠殺的例子太多了，搶了也就搶了，屠了也就屠了，你再恨我又能怎麼樣？無所謂。而且列強在歷次入侵中國的戰爭中，爲了減少反抗，往往還會注意「民心」問題，他們會入鄉隨俗貼出中文的

「安民告示」，也會適當約束軍紀、維持當地治安，甚至還幫助當地百姓剿匪，這樣一來，激起民憤的事件就更少了。

當然，中國古代也不是沒有愛國主義，但大多存在於知識分子的身上。因為知識分子學的儒家道德要比普通百姓更深一層，他們被教育要「以天下為己任」、「天下興亡，匹夫有責」、「先天下之憂而憂，後天下之樂而樂」，到了這個層面的讀書人，才會對國家有憂患意識，才會因為國家被外敵欺凌而產生羞恥感。咸豐等清政府統治者的錯誤在於，他們是深受儒家教育的知識菁英，已經把「忠君愛國」當成理所當然的事，結果他們以己度人，以為普通百姓有和自己一樣的情感，錯誤地估計了形勢。

咸豐將要為這個錯誤付出巨大的代價。

四

就在清廷為成功阻止英國人進入廣州城而歡欣鼓舞的時候，另一場戰爭已經在悄悄地醞釀了。

人類的貪婪沒有止境。簽訂了《南京條約》後，英國對華的鴉片出口數量漲了一倍，但是其他商品的出口量增長不顯著，英方對此很不滿意，他們希望進一步擴大對華貿易，把通商口岸從五口擴展到全中國，還想要清政府進一步降低關稅、允許鴉片貿易合法化等等特權，所以英國人很想重新修訂《南京條約》。

原本《南京條約》裡沒有修約的規定，但是後來清方和美國、法國簽訂的條約中規定十二年後可以修約，英國人援引最惠國待遇，也獲得了這個特權，因此在簽訂《南京條約》十二年後，也就是在太平天國占領南京一年後，英國向清政府提出要修約。美、法兩國也有最惠國待遇，英國修約可以擴大他們的利益，所以修約的要求得到了美、法的支持。

因爲清朝過去只有廣州一口通商，所以清廷規定一切外交事務都由兩廣總督負責，英國人就向兩廣總督葉名琛提出修約要求。但是英方負責此事的駐華公使認爲清方反覆無常、不可信任，只有先按照條約解決入城問題，和清方的和談才有意義，否則就算修約成功，清方下次又找個什麼理由拒絕執行，這不就白辛苦了嗎？

所以入城問題又被重新提了出來，英國公使多次提出要進入廣州城談判。可是對於葉名琛來說，允許英國公使進城，就意味著入城事件失敗，廣州城內的洶洶民意和朝廷都不會饒了他。葉名琛建議雙方在廣州城外的炮臺，或者英國軍艦上談判，對於清方來說，這已經是很大的妥協和讓步——你想談，咱們就談吧，這不是儘量創造談判的機會給你了嗎？具體在哪談，有這麼重要嗎？可是對於英方來說，入城是用來檢驗清政府是否有誠意履行合約的關鍵，不允許入城，英方就不打算談判，最後兩邊沒能談攏。

隨後，英國人北上到其他港口，一路從福州到上海，再到天津，想找這些地方的清廷官員交涉。然而清政府規定，官員未經許可，不能私自會見外國人，所以英國人在這些城市也沒能得到回覆。

這些遭遇讓英國人意識到，清政府壓根就沒打算好好履行條約，談修約什麼的毫無意義，首先還得再給清政府一個「教訓」，才能維護英國的在華利益。此時英國人已經有了殺意，再加上後來和葉名琛又有了其他摩擦，英國議會最終決定與清朝再次開戰；法國方面也宣布參戰，直接原因是不久前有一個法國傳教士深入中國內地傳教，被當地官員處死，為此，法國多次要求葉名琛代表清方道歉、賠償，葉名琛卻不理會。

於是英、法兩國結成了軍事同盟，在英國提出修約申請兩年後，也是太平天國發生「天京事變」四個月後，英、法兩國完成了軍事調動，大舉進攻廣州城，第二次鴉片戰爭爆發了。

從未反省過的清軍自然還是不堪一擊，英、法聯軍輕而易舉地攻陷了廣州城，進入了這座曾經阻攔了他們多年的城市。城池陷落時，清朝官兵四散奔逃，葉名琛卻獨自留在總督府裡，拒不逃走。於是英國人俘虜了葉名琛，對他羞辱一番，把他押往印度的加爾各答囚禁起來。一年後，葉名琛死於該地。

上一場鴉片戰爭打了足足兩年，之所以打這麼慢，是因爲一開始英軍以商業國家的經驗，以爲封鎖中國幾個港口的海上貿易就會對清廷施加足夠的壓力，結果沒想到中國以自然經濟爲主，只要不切斷南北之間的漕運，外國人攻陷多少城市，朝廷都不痛不癢。到了第二次鴉片戰爭的時候，英、法聯軍有了經驗，他們在攻陷廣州後，決定直接北上威脅北京，讓清朝的皇帝澈底清醒清醒。

北京在海上的門戶是位於東南方向的大沽口，大沽口炮臺扼守著海河的入海口，從大沽口進入海河，沿河而上就能來到天津，占領了天津，再從陸路走不遠，就能到達北京。

大沽口炮臺是首都的門戶，是清方重點布防地區，炮臺林立、防守嚴密，而且沿岸水很淺，大型艦船無法通過，因此清廷認爲此處固若金湯。然而他們想不到，「夷人」的科技水準已經遠遠超過了他們的想像力。

在第一次鴉片戰爭的時候，英軍已經使用了蒸汽軍艦，蒸汽船吃水量淺，可以拖拽大型軍艦進入清軍不設防的淺水區，也能隨意在內河游弋。假如清廷在第一次鴉片戰爭後稍有反思，就能意識到「夷人」已經掌握了這種神奇的新型軍艦，哪怕你沒能力仿製，最起碼知道以後得在淺水區設防了。

結果清廷就沒人想過這件事。在第一次鴉片戰爭時，蒸汽船還是一種新鮮玩意，英軍只有少數幾艘。等到了第二次鴉片戰爭時，蒸汽戰船已經在艦隊中占了大多數，中外之間的裝備差距更大了。英、法聯軍輕易地占領了大沽炮臺，隨後又沿河而上占領了天津，清廷一下子就震驚了。

咸豐皇帝沒想到夷人一言不合就開打，一打就立刻打到了家門口。五年前，太平天國的北伐軍兵鋒直指天津，當時嚇得北京城人心惶惶，現在舊景重現，而且夷人比太平軍來得更快、更猛，咸豐連忙派了一名叫「桂良」的滿洲貴族，代表自己去和英、法聯軍談判。咸豐給桂良的指示是要他把敵軍勸退，而且英、法聯軍的大部分要求都不能答應（有傷國體嘛），做不到就提頭來見。

這不是鬼扯嗎？英、法聯軍花了那麼多錢，千里迢迢打過來，當然不是來跟你開玩笑。英、法聯軍對桂良的回覆是：我們提出的所有條件必須滿足，不滿足，隨時攻入北京。

這可苦了夾在中間的桂良。他的處境就相當於跟了一個特別弱的老闆，可是老闆自己是弱雞不承認，還派下屬去跟敵人硬拚，抵擋不住了還要被砍頭，這簡直是天下最倒楣的差事！七十三歲的桂良被逼得實在沒有辦法，最後竟然向侵略者哀求，祈求對方能退一步，不然會要了他的老命。當然，侵略者並不讓步。

最後桂良選了一個唯一能保住性命的辦法。他向咸豐皇帝獻上一條「妙計」，說：「此時英、法兩國和約，萬不可作爲眞憑實據，不過假此數紙，暫且退卻海口兵船。將來倘欲背盟棄好，只須將奴才等治以辦理不善之罪，即可作爲廢紙。」他說，您讓我與聯軍先簽了合約，等敵人退兵以後，您再把我治罪，這合約就不算數了。這等於是在國際事務中要無賴，咸豐還認爲這是個好辦法。因爲在當時清廷的心裡，中外關係不是平等的國與國關係，而是文明與野蠻人之間的關係，騙野蠻人有什麼不對的呢！你拿個假香蕉騙猩猩，你也沒有罪惡感吧？

在這種「簽了也可以隨時耍賴」的心態下，清政府和英、法兩國簽訂了《天津條約》。主要內容是賠款；增開沿海八個通商口岸和長江中下游的三個口岸（此時尚在太平天國的控制範圍內，等到平定太平天國後開放）；持有「執照」的外國人可以在中國國內遊歷、經商、傳教，該執照必須由清朝地方官蓋印；降低關稅；公使進駐北京，覲見皇帝時用西方禮節。

五

在《天津條約》的各項條款中，對國家利益損害最大的是賠款和降低關稅，這是對國家主權的直接侵犯。至於開放通商口岸、外國人可以在中國國內遊歷、公使進京等要求，在今天看來，是國與國之間的正常行爲，並不算損害國家利益。

然而咸豐的看法和我們今天完全相反，賠款他不在乎，這是我天朝上國「懷柔遠人」的「恩賞」嘛！降低關稅也沒關係，反正我大清以農業爲本，關稅多少那都是細枝末節，多開放幾個口岸也無所謂，開五個也是開，開八個也是開。我們可能想像不到，在咸豐看來，最不能答應的一條竟然是外國公使進駐北京，其次兩條是外國人進入國內經商、遊歷，以及在長江沿岸通商。

公使進京怎麼了？

對於咸豐來說，公使進京最大的問題是，從此公使可以面見皇帝了，而且《天津條約》裡還明確說要用「西式禮節」，也就是不跪拜——這！還！得！了！想當年馬戛爾尼那麼大的使團向乾隆爺祝壽，就是因爲在跪拜這件事上爭執不下，最後雙方不歡而散。乾隆爺都沒讓步，到了咱們咸豐朝這事怎麼能答應？不可以！

以今天的觀點來看，咸豐的想法幼稚得令人匪夷所思。跪不跪的，不就是個面子問題嗎？堂堂一國君主，怎麼能把毫無意義的面子看得比國家的利益還重要呢？

然而，這不是咸豐一個人的看法，而是整個清廷的看法。當聽到洋人要求「公使駐京」等條件時，朝野上下一片大譁，大夥都認爲這個條款萬萬不能答應。

這並非沒有道理，因爲在清人的世界觀裡，中國透過上千年的動盪與平和，用了無數生命和血淚反反覆覆證明了一點：儒家道德是維持國家穩定的唯一手段，它一旦被破壞，朝廷就無法維持社會秩序，中國就會陷入混亂和災難。

咸豐爲什麼不反對開放沿海口岸，但是反對開放長江中、下游的港口，反對外國人到國內遊歷、傳教呢？因爲那就意味著外國人的活動範圍不再侷限於沿海城市，而是可以深入到中國內部，向國內百姓傳播異國思想，如此日積月累，破壞了儒家禮教，這不等於損害國家的根基嗎？

再看「公使駐京」的問題。

公使是否跪見皇帝，這在古代不光是個面子問題，還是個「禮」的問題。我們說過，儒家之所以有助於古代王朝的統治，關鍵在於儒家的「禮教」。中國古代社會能夠從上到下保持長幼尊卑的穩定秩序，是因爲人們在一遍一遍地向爹磕頭、向當官的磕頭、向祖宗牌位磕頭中固化下來的，因此，公使跪皇帝這件事，這不是面子，這是在確定「番夷」和「天朝」之間的尊卑關係，是個極為重要的外交手續。

我們可以打個比方，「跪拜」對於清廷，就如同「合約」對於英國人一樣重要。英國是商業國家，商業活動最重視的是簽訂和履行契約，整個社會秩序都是建立在各種各樣的契約文書上，甚至連國家制度都是如此。聞名的《社會契約論》就說，社會是由人和人之間的契約組成的，按照這種思路，個人和國家的關係也可以看成是一種契約：個人同意遵守法律，國家則要向個人提供安全、秩序等服務，雙方都要遵守這個契約，國家才能成立，而不是像傳統中國認為的那樣，君君臣臣的關係是天經地義，萬世不易的。

所以英國在與清廷的外交中，最重視的是合約怎麼寫，每個字每個字都要仔細斟酌，人家覺得簽好了這紙合約是最重要的。

但清政府完全不同，對於大清，禮教才是維持秩序的根本，所以清政府不重視合約的具體條款（在簽訂《南京條約》時，英國人記錄說：「在歐洲，外交家們極為重視條約中的字句和語法，中國的代表們並不細加審查，一覽即了。」），反倒重視措辭、格式是否謙卑恭敬，重視互相見面到底是鞠躬還是下跪。

也就是說，中、英雙方對跪拜、合約的不同理解，不能單純看成是愚昧和進步的差別，本質上來自於兩個國家秩序結構的天壤之別。

除了跪拜的問題外，清方抗拒「公使駐京」，還因為他們不了解國際習慣，不知道「公使駐京」是什麼意思，還以為公使進駐北京時會帶著大量士兵（實際不能）。在中國古代的「朝貢體系」中，「番夷」只有定期朝貢的義務，絕沒有帶兵進駐京城的道理。按照中國過去的歷史慣例，番夷帶兵進京等於是在用武力監視皇宮、干涉朝政，這意味著朝廷對內喪失主權，對外失去朝貢體系的天朝地位，喪失主權云云自然是清廷無知的想像，但朝貢體系的崩潰卻是真的。假如讓「番夷」進駐北京，你讓那些持同樣世界觀的亞洲國家怎麼看？朝鮮、日本等周邊屬國還怎麼臣服於你？周邊地區的國家利益還怎麼維持？

以此種立場來看，清廷的反應其實很正常。

在聽到即將「公使駐京」的消息時，很多大臣上書，痛陳「公使駐京」的危害，其中固然有擔心洋人建造高樓，窺探皇宮；暗藏火炮，危害京師；「洋樓要是亂蓋我們攔不住」之類的可笑猜測，但也提到了「設館傳教，去我衣冠禮樂」、「朝鮮、琉球等國，由此滋生輕慢之心」的要害問題。

至於《天津條約》裡的賠款和關稅，雖然心痛，但是沒有破壞以儒家治國的根基，沒有破壞朝貢體系，在清廷看來，也就成了可以首先犧牲的利益了。

清廷和英、法聯軍簽訂《天津條約》後，聯軍如約退兵，雙方接下來還要到上海詳細談判關稅到底設置多少的問題。

按照正常的程序，前面《天津條約》已經簽完了，到上海是把一些條款的細則再定一下。結果咸豐皇帝這時候想起了「簽完字還可以耍賴」，指示參加上海談判的大臣，非要他們重新討論已經簽訂好的《天津條約》，盡全力取消公使駐京、內地遊歷和長江通商等條款，甚至不惜以放棄一切關稅，允許鴉片合法輸入為代價。

聽明白了麼？咸豐的意思是，我們大清以後寧可不收關稅了，一切進口商品免稅，外國貨物隨便衝擊國內市場，放棄和外國打貿易戰的武器，而且毒品也隨便賣，誰愛吸毒誰就吸，我也不管了！這一切換來的是什麼？換來的是「你離我遠點，我不想見到你」——這是何等的胸懷！

古往今來，從沒有見過一國在談判中主動出讓如此大的利益，別說是今天的我們，就算當年負責談判的桂良等大臣，都覺得這個命令太瘋狂了，數次上奏，強烈要求皇帝不要這麼做，遠的不說，單說此時的關稅收入，就已經占了清朝財政收入的四分之一強，而且現在還正與太平天國拚命打仗呢，免了關稅，這不是要了大清國的命嗎？經過好幾輪激烈的爭論，咸豐皇帝終於答應不提免稅的事，但前提是桂良必須把「公使駐京」的條款搞定，否則「桂良等自問當得何罪」！

於是在上海的談判桌上，英國人見到了匪夷所思的一幕：清方大臣對商定關稅、鴉片合法化這些至關重要的問題滿口答應（英國人做夢都想不到，清方皇帝所指示的底線，竟然比英方提出來的還要低），卻對公使駐京這最不重要的一條瘋狂爭取，死不鬆口。最後英國人一看最重要的利益都到手了，又考慮到公使常駐北京恐怕也有危險，於是同意了清方的要求，只是要求清政府把對外交涉的城市從廣州改到了上海，將來各國公使也常駐上海。

清廷又簽了一份奉送國家利益的條約，還以爲自己獲得了巨大的外交勝利。

可是事情還沒完。

你願意花多少錢買下我的膝蓋？——

第二次鴉片戰爭（下）

雖然英方放棄了公使駐京的條款，但是按照合約中的規定，在簽字一年後，英、法、美三國使者要到北京面見皇帝，完成一個換約儀式。

結果這件事又踩到咸豐的底線，因爲《天津條約》規定使者覲見皇帝使用西式禮節，這要是眞實現了，那就是對朝貢體系的公然嘲弄，是對清朝皇室列祖列宗的巨大羞辱，咸豐決定不惜一切代價阻止這件事發生。

第二年，英、法、美三國使者按照約定來到上海，計畫接下來到北京換約。結果，他們得到清方通知，要求就在上海換約，不必北上。然而英國公使在出發之前已經得到了國內的命令，要求他一定去北京換約，而且一定要面見皇帝。

這是因爲早在第一次鴉片戰爭時，英國人就見識了清朝官員欺騙皇帝的本事，清方官員與英國人保證一切情況都向皇帝報告，實際上很多事都不與皇帝說（騙大猩猩不算騙嘛）。在簽訂《南京條約》的時候，英國人爲了防止「那些狡猾的先生們爲了蒙蔽他們的皇上」，在把條約交給皇帝前，偷偷抽出幾頁，英國人專門拿絲線把文件的每一頁都穿了起來。可是英國人萬萬沒想到，簽字後的整份《南京條約》都沒有交給皇帝！第二次鴉片戰爭剛開始，英、法聯軍攻陷廣州後，驚訝地發現，《南京條約》等諸多重要的外交文件這麼多年來就一直保存在兩廣總督的衙門裡，外國人再一次刷新了對中國官僚機構的認知。

因此英國公使得到指示，換約時必須要面見皇帝，讓皇帝親自接受合約，這才能保證合約的有效性。於是英國公使不顧清方官員的苦勸，和法國、美國公使一起，帶著一支艦隊北上來到大沽口。

在過去一年的時間裡，清廷曾和俄國使者打過交道，俄國使者不像英國人那麼講究，他們以利益優先，對清政府提出的各種禮儀要求十分順從，和清廷來往時非常恭敬（國家利益是實在的，面子又不算多大點事），對此，清政府那是十分的開心，發現外國使者也沒那麼可怕嘛！也可以服從我們的安排嘛！於是咸豐勉強同意了英、法、美三國使者進京，但是提了一大堆要求：要求換約人數必須在十人以下、不得坐轎、換約後不能久待，趕緊走人。

除此之外，公使進京還有一個技術性問題。

在前一次大沽口之戰後，咸豐發現北京的門戶竟然這麼弱不禁風，他大為恐慌，立刻調名將僧格林沁來到大沽口，加強這裡的防禦。

僧格林沁是蒙古人，當年朱元璋建立明朝，把蒙古人趕出了中原，但是由於農業文明無法長久征服草原，蒙古政權並沒有被消滅，一直在北方生活。清朝入關以後，用武力和聯姻的方式，讓蒙古常年臣服於自己。努爾哈赤（一說「努爾哈齊」）在蒙古地區也建立了八旗制度，稱爲「蒙古八旗」，屬於清政府的主力部隊，清朝末年的僧格林沁就是在這個背景下爲清廷效力的。

僧格林沁是清朝末年最能打的將領，他的蒙古馬隊十分勇猛，太平天國的北伐軍就是他殲滅的。僧格林沁到了大沽口後，立刻精心修建工事和炮臺，用鐵鏈、障礙物把海河的河道堵得死死的，防止敵艦沿河北上。

話說以英軍爲主的換約艦隊來到了大沽口，準備要把艦隊開進海河，但是這個計畫一則違反了咸豐要求使者隊伍十人以下的規定，二則需要拆除海河裡的障礙物，破壞河道防禦。因此清方通知三國使者，要求他們不進入海河，而是從更靠北的北塘登陸，按照清方十人、不乘轎的規定，從陸路進入北京。

英方認爲這是清政府故意阻撓換約，拒絕了清方的要求，英國艦隊司令下令艦隊駛入海河口，強行拆除障礙物。就在英軍拆除到一半的時候，之前一直偃旗息鼓的清軍炮臺突然開火。由於當時已經退潮，英軍炮艦爲了保持位置，大多已經下錨，因此成了清軍攻擊的靶子。清軍炮火極準，第一次齊射便擊中英軍旗艦，一名清軍射手開槍打中了英軍艦隊司令的大腿。英軍司令也非常英勇，他乘坐小船到了另一艘軍艦上，在甲板上繼續指揮作戰。因爲大腿受傷，他只好扶著欄杆站立，結果欄杆又被炮彈擊中，他倒在甲板上，摔斷了七根肋骨。

經過四個多小時的炮擊，英軍進入河道的幾艘軍艦都被擊沉或擊傷，一支六百多人的英、法聯軍在岸邊登陸，企圖攻占清軍炮臺。結果聯軍陷入灘塗的淤泥中，在清軍火炮和鳥槍的阻擊下損失慘重，登陸失敗。英、法聯軍最後在後續軍艦的援助下，狼狽地撤出了戰場。

在這場戰鬥裡，清軍擊傷英軍司令，打死英、法聯軍九十多人、打傷三百五十多人、擊沉炮艇三艘、擊傷三艘；清軍陣亡三十多人，其中軍官七人，這是一次輝煌的勝利。

戰鬥結束後，清方要求三國公使繼續按照清方的規定換約。英、法兩國受到了前所未有的挫折，乘坐軍艦憤然南下，美國公使卻欣然接受了清方的安排，因為美國之前和清政府簽訂的條約裡並沒有進京換約的條款。美國人之所以這次來換約，是因為援引最惠國待遇，享受和英、法兩國相同的待遇。問題是現在英、法兩國拒絕換約，還沒享受換約的權力呢，美國其實是沒有權力換約。

所以美國公使一看清政府竟然主動邀請換約，這不是天上掉下來的禮物嘛！美國公使就開心地答應了，而且一切都符合清方的要求：帶著很少的隨從，從北塘上岸，不坐轎而是坐騾車。騾車沒有避震彈簧，當時又沒有公路，美國公使一路上被顛得七葷八素。到了北京，美國公使被安排在華麗的住宅中，被精心款待，但是不得自由走動。清政府要求美國人在見到皇帝的時候磕頭，美國公使因此拒絕會面，由清廷官員代爲遞交國書，最後的換約儀式也沒有在北京舉行，而是改在了北塘。

總而言之，約還是換了，美國得到了現實的利益，清廷得到了心理上的大滿足：你看，我們用武力打出了尊嚴，打出了我們最想要的結果，這對外事務還是挺好解決嘛！

二

戰敗的消息傳到英國，英國公使受到了嚴厲的批評，因爲《天津條約》雖然約定在北京換約，但是沒有寫明進京換約的路線，清方完全有權力規定路線。根據國際法，和平時期，一國的內河不對外國軍艦開放，英軍主動拆除障礙的行爲等於入侵，被打是活該。

然而，當聽到「我堂堂大英帝國的艦隊被一個野蠻、落後、狡猾的低等民族偷襲」的消息，英國人的愛國情緒被激發起來了，在高漲的愛國情緒面前，什麼合法不合法，道德不道德之類就不重要了。英國上下一致叫囂著要對大清來一次徹底的報復：「爲我們被屠殺的同胞報仇……恢復我們被玷汙了的名譽，告訴那些自負的野蠻人，他們嚴重地錯估了這個國家的力量。」

經過一年時間的準備，英、法兩國組織了一支在殖民史上極為少見的龐大艦隊，向大沽口撲來。

清軍當然沒有勝算。

前一次勝利主要是因為英、法聯軍自我膨脹、疏忽大意，假如當時英、法聯軍主動發動進攻，大可以在清軍射擊範圍之外摧毀大沽口炮臺，就算不主動進攻，只要在拆除障礙的時候沒有下錨，清軍都很難獲勝。

當英、法聯軍再一次來到大沽口的時候，距離第一次鴉片戰爭爆發已經過去了二十年。在第一次鴉片戰爭裡，清軍和英軍之間的武器大致上還屬於同一個時代，但是二十年間，科學進步日新月異，到了第二次鴉片戰爭的時候，英、法聯軍的武器裝備已經和當年完全不同了。

第一次鴉片戰爭時，英軍只有少量的蒸汽船輔助作戰，到了第二次鴉片戰爭時，西方艦隊已經普遍使用蒸汽鐵甲船。

步槍方面，聯軍使用的雖然還是前膛槍，但已經從「滑膛槍」變成了「線膛槍」。兩者的區別是：滑膛槍的槍膛是光滑的，線膛槍的槍膛裡有旋轉的膛線，線膛槍的子彈在發射時，由於膛線的引導，子彈會旋轉著射出槍口，大大增加了子彈的射程和精準度。

火炮方面更加先進，聯軍的火炮不僅是線膛炮，還是後裝炮，這是剛出現不久的新技術；至關重要的鐵路和電報，也於這二十年裡，在西方快速普及。

相比之下，這二十年清軍沒有半點進步。第一次鴉片戰爭用的是什麼裝備，第二次戰爭還是同樣的裝備。

第一次鴉片戰爭裡，清軍因爲相信英軍不擅陸戰，不重視陸地防禦，多次被英軍從炮臺背後包抄，這個用無數士兵的鮮血換來的經驗，戰後竟然沒有人去總結。到了僧格林沁時，他還是相信英軍不擅長陸戰，只在大沽口炮臺層層布防，不去防守北邊的北塘，他認爲如果英、法聯軍從北塘登陸，他正好可以用自己擅長的蒙古騎兵剿滅敵軍。結果開戰以後，英、法聯軍果然從北塘登陸，在陸地上，清軍騎兵被訓練有素的英、法陸軍擊潰，英、法聯軍從背後占領了大沽口炮臺，花費巨資精心準備的炮臺成了擺設。

英、法聯軍順利占領大沽炮臺，大軍再一次威脅京師，咸豐只能派人和談，願意答應英、法的一切要求。中、英雙方曾經一度達成了協議，戰爭本可以結束，可是這時英國使團的中文祕書巴夏禮提出，換約時，英國使者必須面見皇帝，行西式禮節，不下跪。

要說敵人現在已經打到家門口了，這麼個禮節問題就答應了吧！再怎麼說，不就是跪那麼一下子的事麼？

不行，這個要求超過了咸豐的底線，咸豐斷然拒絕，於是談判破裂。

從表面上看，從此以後的戰爭都是因爲咸豐不接受西式禮節所導致的，打了那麼大的仗，死了那麼多的人，最後都是爲了個跪不跪的問題。我們之前雖然解釋過下跪的重要性，但這事看起來還是太荒誕了，咸豐你至於嗎？

然而從更深層的角度看，這個下跪問題其實正是打這場戰爭的關鍵。

英、法爲什麼要發動第二次鴉片戰爭？當然，是爲了擴大在華利益，但爲了利益不一定要打仗，也可以透過談判的方式獲得嘛！當初英國人要修約，葉名琛不是答應在廣州城外談判了嗎？英國人爲什麼非要打仗呢？我們回想第二次鴉片戰爭發動的原因，無論是英國人執意要進入廣州城，還是後來執意要進入北京面見皇帝換約，其出發點都是不信任清廷會忠實履行合約，他們堅持要透過這兩個要求來檢驗清廷履行合約的誠意，清廷不答應，他們就認爲清朝是個沒法合作的野蠻國家，就要開打。

所以第二次鴉片戰爭，英、法聯軍眞正要打出來的，是清廷的契約精神。聯軍是要用武力教訓的方式，強行讓清政府接受「平等外交」、「簽訂合約要執行」等等工業時代的外交規則，衝突反映到表面上，就是公使進京和跪不跪的問題了。

話說咸豐拒絕了巴夏禮的要求，談判破裂，雙方又進入戰爭狀態。

巴夏禮熟悉中文和中國事務，因此在與清方的交涉中一直都是由他出面，不熟悉外國事務的清方誤以為巴夏禮是英國人的高級參謀。在巴夏禮與清方談判結束後，僧格林沁派兵在半路逮捕了巴夏禮一行三十多人，清方把這些人關押在監獄裡，以為用他們做人質，可以要脅聯軍退兵。

這是中外觀念上的又一個巨大差異。

在大清國的觀念裡，世界上只有獨裁一個制度，在獨裁制下，軍隊的將軍都出身於權貴，將軍要是掛了，底下人都得跟著受牽連，所以清方以為只要抓住了英軍的重要人士，英軍必然會忌憚，就會用停戰來換人。

然而在議會制國家中，將軍也好，官員也好，都是為議會工作的人，別說一個巴夏禮了，哪怕是二戰時候的麥克阿瑟要是被日本人抓了會怎麼樣？美國總統肯定第一時間以「失去指揮能力」為由讓麥克阿瑟立刻卸任，換上別的司令繼續打。您威脅說要槍斃麥克阿瑟？哎呀！您最好別這麼做，不過非要斃那就斃吧！回去我們在華盛頓為麥克阿瑟立個紀念碑。

所以就算巴夏禮眞的是高級參謀，英、法聯軍也不可能因此停戰，且不說他還只是個翻譯，而且在英、法看來，抓捕外交人員當人質，那是最無恥的下三濫手段，是清政府極端野蠻的又一個證明。

聽說巴夏禮一行被捕，英、法聯軍義憤填膺，大軍氣勢洶洶地殺向北京。僧格林沁籌組清軍在陸上兩次與英、法聯軍決戰，其中的「八里橋之戰」，是舊式中國軍隊與西方列強最大規模的陸上決戰。

在這兩次戰鬥裡，清軍作戰極為英勇，連英、法軍官都讚不絕口，僧格林沁還使用了最擅長的騎兵向聯軍正面衝鋒，但是清軍的每一次衝鋒都被無情擊潰。這並非全由於聯軍的武器先進，因為在重機槍發明之前，火器對於騎兵並沒有絕對的優勢，除了用火炮、步槍射擊外，英、法聯軍還出動了騎兵和清軍近距離肉搏，同樣獲得大勝。換句話說，英、法聯軍的勝利，是裝備、訓練、戰術、士氣全方面的勝利。

在八里橋之戰中，英、法聯軍出動約五千人，清軍出動約三萬四千人，清軍占人數上的絕對優勢，最終的戰果是清軍全線潰退，損失約兩千人；聯軍只死亡五人，受傷數十人，雙方的損失完全不在一個等級上，差距之大，已經不是一兩個有能力的將領可以彌補的了。

八里橋之戰後，英、法聯軍直撲北京，現在咸豐再想要什麼不下跪也來不及了，只剩下逃跑一條路。

三

清廷入主中原後，定都北京，住進了明朝皇室的紫禁城。紫禁城這個地方威嚴是威嚴，可是綠化太少，到處都是石板、磚牆，頗為枯燥乏味，尤其到了夏天，因為缺少綠化和水面，紫禁城的溫度非常高。清朝的皇帝個個都是睡眠不足的工作狂，原本帝王生活就了無生趣，要是再常年住在這麼一個石頭盒子裡，那當皇帝還有什麼意思呢？清朝皇帝都盼著能到北京周邊找個更好點的地方住。

圓明園原本是個位於北京城西北的小型皇家園林，雍正在繼位前，康熙把這個園林賜給他，雍正繼位後，開始對這處園林大舉擴建。到了乾隆時，國力強盛，乾隆本人又貪圖享受，於是開始更大規模的擴建，把附近好幾處皇家園林都連在了一起，形成了一個規模極為龐大，含有大量水域、幾十個景觀、上千座建築，面積是紫禁城五倍大的超大型園林。

圓明園距離北京城不遠，今天已經被囊括在北京市區內了，和紫禁城之間的交通十分方便。從雍正開始，清朝皇帝一年有一半多時間都住在圓明園裡，其餘時間則住在紫禁城或者避暑山莊。英、法聯軍來襲時，咸豐皇帝也正在圓明園。八里橋之戰結束後的第二天早晨十點左右，咸豐接到戰敗消息，立刻從圓明園的後門出逃，以「打獵」的名義跑到位於北京東北的避暑山莊。

由於跑得十分匆忙，咸豐一行連行李、食物都沒有帶，咸豐坐的還是大臣家的舊車。逃跑的第一天裡，咸豐只吃了兩個雞蛋，晚上連一床被褥都沒有。聽到皇帝都跑了，北京的王公貴族、富人商戶紛紛攜家帶口逃出北京。

英、法聯軍遠比清廷更了解對手，他們知道清國的皇帝正住在圓明園而不是北京城裡的皇宮，再加上北京城牆高大、一時難以攻克，聯軍決定繞過北京城，直撲圓明園搜捕皇帝。

圓明園是皇帝住的地方，聯軍本以爲在這裡會遇到激烈的抵抗，結果抵擋他們的只有數百太監，聯軍輕易地殺散了太監，衝入園內，留守的圓明園總管在絕望中投湖自盡。

這時，聯軍才知道皇帝已經逃跑。就在英、法指揮官猶豫下一步該怎麼辦的時候，英、法士兵面對滿園無人看守的稀世珍寶失去了理智。這一次的對華作戰名義上是爲了報復上一次的大沽口之戰，帶有「懲戒」的成分，所以英、法士兵的軍紀要比上一次更差，中、外雙方都有大量檔案記錄了聯軍在登陸後的強姦和搶劫行爲。在圓明園，聯軍的紀律更是無法維持，士兵對這座皇家園林進行了肆無忌憚地搶劫和破壞，最後連軍官也加入到搶劫的隊伍中。其中一個被廣爲記錄的細節是：當英、法聯軍打開圓明園的庫房時，發現當年馬戛爾尼使團進獻給乾隆皇帝的火炮、炮彈還完好的存放在庫房裡，從來沒有人動過。

搶劫破壞持續了三天，同時被劫掠的還有附近的清漪園（即頤和園的前身）等皇家園林。聯軍士兵沉浸在發財的狂喜中，每個人討論的都是得到了多少東西，以及還能得到什麼更好的東西。爲了運輸搶奪來的財寶，英、法聯軍徵集了三百輛馬車，在聯軍撤退後，無人值守的圓明園又受到了附近百姓的洗劫。

清政府這邊也不是全都跑光了。

咸豐逃跑後，北京城裡不能沒有人鎮守啊！於是留下了他的弟弟恭親王奕訢「善後」（收拾爛攤子）。咸豐爲了自保，逃跑時帶走了大部分軍隊，奕訢手裡的防禦力量小到可以忽略不計。對於奕訢來說，他手中的王牌只剩下英國人的「高級參謀」巴夏禮等人。

清方的原計畫是以殺掉巴夏禮來要脅聯軍退兵，結果發現這招對外國人沒用，奕訢只好改威脅爲安撫，讓巴夏禮這群人吃好喝好，最後乾脆放掉他們向聯軍示好。

可是在之前的關押中，巴夏禮等人飽受酷刑折磨。三十九人被俘，釋放時活著的只有十九人，其他人被裝在棺材裡送了出來。英、法聯軍得知這些人在監獄裡長期受到虐待，手腳被長時間捆綁，皮繩深入皮肉，最終發炎、長蛆、腐爛，直到死去，甚至有人死去時雙手已經被蛆蟲吃掉，還有好幾個人被折磨得精神崩潰，成了瘋子。最讓聯軍憤怒的，是其中一個死者是《倫敦時報》的記者，他是在購物的時候被抓住的。

見到使團這幅慘狀，一些聯軍士兵立刻展開報復，他們隨意抓捕了附近的百姓，用同樣的方式虐待他們。英軍指揮額爾金也極爲憤怒，他決心給清朝皇帝一個永不會忘記的教訓，備選的報復計畫包括毀掉紫禁城，或者廢掉咸豐皇帝，另外扶植一個漢人傀儡政府。但是聯軍對新扶植的政府能否有效控制中國有很大的顧慮，萬一傀儡政府垮臺，那之前和清政府簽訂的種種條約能否有效就很難說了，所以爲了在華利益考慮，最好還是保持清政府的統治，不能廢掉咸豐帝。燒掉紫禁城也不可以，因爲當時太平天國還占據著半壁江山，列強認爲燒掉紫禁城會過度羞辱清廷，造成清政府垮臺，於是聯軍最後選擇燒毀圓明園。

額爾金事後辯解說，他之所以選擇焚燒圓明園而不是紫禁城，是因爲紫禁城代表的是中國的首都，而圓明園只是皇帝的私人園林，他想向中國人民表示，他是在懲罰皇帝個人，而不是要施加暴行於中國人民。

然而，暴行仍舊是暴行。聯軍再次闖入圓明園，在建築物上擺滿了木柴並放火。以木結構爲主的宮殿群很快變成了一片火海。一名英軍士兵回憶這次經歷：「我們第一次進入那些園子時，它們使我們想起了童話故事中描繪的神奇景象。十月十九日我們列隊走出園子，身後已是一片一無所有的沉寂廢墟。」另一名英國軍官記錄說：「在接下來的幾天裡，白天因爲濃煙而變得暗淡，『就像太陽正經歷漫長的日食』。」

大火焚毀了圓明園的大部分建築，無數珍貴的文物被毀，最讓人痛心的是清朝皇室蒐羅的大批字畫和珍本圖書，明朝編成的《永樂大典》唯一留下的一部副本，在這次浩劫和後來八國聯軍的入侵中慘遭破壞，原本兩萬卷圖書，今天只剩下八百卷，這是中國文化史永遠無法彌補的遺憾。

圓明園終究太大，一把火沒能澈底燒完，英、法聯軍撤走後，還留下了十幾處景觀和數座建築。等到後來清廷回到北京，圓明園作爲皇家園林，被軍隊重新看管，還進行了小規模的修繕，可是焚毀的程度太嚴重，以當時的國力已經無法復原，這片殘破的園林就這麼荒廢了。由於皇帝不再居住於園內，對園子的看守逐漸鬆懈，時日一長，綿長的宮牆上留下了很多缺口，附近的竊賊時常光顧，甚至有一些盜賊是在園內工作過的旗人，熟門熟路回來偷竊，也不乏園內太監監守自盜。因爲偷盜太多，以至於附近市集一度充斥著來自圓明園的贓物。

四十年後，八國聯軍入侵，朝廷再次逃離北京，殘存的圓明園又受到八國聯軍更爲持久的洗劫。到了冬天，列強士兵從圓明園中取來木門和窗框燃燒取暖，著名的十二獸首就是在這個時候被劫走。八國聯軍退兵後，附近的劫匪，甚至是旗兵又開始新一輪洗劫。

再後來清帝退位，圓明園失去了皇家園林的身分。隨後有軍閥、日寇的肆虐，有各種豪門權貴的掠奪，有附近百姓的撿拾，又有不斷地蓋屋、造田、建設、生產，最終，這座規模龐大的園林，變成了今天這一小塊荒地和幾塊殘存的廢石。

五

咸豐和奕訢是親兄弟，他們都是道光皇帝的親生兒子。清朝中、後期實行祕密立儲制度，皇帝生前，誰都不知道哪一個皇子是繼承人，只能猜。在道光活著的時候，咸豐和奕訢都是繼位的熱門人選（當然，那時候還沒有「咸豐」這個稱呼），兩個人爲了討道光歡心，暗自下了不少力氣。

據說有一次道光帶著幾個兒子去打獵，奕訢打了很多獵物，咸豐卻不動手，只在一旁觀看，道光當然好奇，問咸豐你幹嘛不打獵？原來這是咸豐的老師事先定下的計策，要咸豐趁機回答說：現在是春天，是鳥獸懷孕的季節，我不忍殺生呀！再說我也不願意靠弓馬技術與皇弟們一爭高下。以現在的觀點看，咸豐這純粹就是做作，虛僞！可是到底算不算「做作」，這事是道光說了算。結果道光龍顏大悅，覺得還是咸豐這孩子境界更高呀！

總之，道光對咸豐和奕訢都很喜歡，他在選擇繼承人時頗為糾結，直到臨去世兩年前，才下決心立咸豐，而且他的遺詔裡不僅有冊封咸豐的命令，還特意寫上封奕訢為恭親王，也算是聊作彌補吧！

奕訢很有才幹，但是他越有才幹、越得到道光的寵愛，咸豐就越忌憚他，因此自從咸豐繼位以後，奕訢一直都過得很普通，不時就會被咸豐打壓，直到英、法聯軍逼近北京，咸豐倉皇出逃，才顯出奕訢的重要性——現在咸豐需要留下一個既有能力坐鎮北京，又犧牲了也不可惜的人，那誰能比這個奕訢更合適呢？

咸豐帶走了大多數軍隊和朝中重臣，奕訢面對敵軍沒有任何抵抗能力，只能無條件接受聯軍的一切要求。奕訢代表清政府和英、法聯軍簽訂了《北京條約》，在進行換約儀式時，額爾金特意坐著規格最高的八抬大轎到禮部換約，為的是嘲笑清方之前「不准坐轎」的規定。

新簽訂的《中英北京條約》除了答應履行《天津條約》的條款外，還出讓了更多的權益，包括更多的賠款、開放天津、割讓九龍半島，基本上是《南京條約》的威力加強版，都是已有條款的擴大。其中英國索要九龍半島是因為香港島缺少食物和淡水，必須到九龍去取，這次索性都要來了。

在和法國簽訂的《中法北京條約》裡，擔任翻譯的法國傳教士在中文文本裡擅自加入了

「任法國傳教士在各省租買田地，建造自便」。在之前簽訂的條約裡，雖然允許外國傳教士到內地傳教，但只允許在通商口岸建造教堂。

這個改動看似不大，卻對中國影響深遠。按照各國的「最惠國待遇」，這個條款意味著從此以後，西方傳教士可以在中國內地任意建造教堂，永久扎根下來，間接導致了後來義和團運動的發生。

和英、法兩國簽訂條約後，事情還沒完。

在之前的敘述裡，你或許能感覺到，俄、美兩國在對華事務中屬於比較狡猾的那種。在兩次鴉片戰爭裡，這兩國都沒有出兵，而是跟在英、法的後面與大清簽訂合約，他們不用承擔出兵的花費，卻透過最惠國待遇獲得和英、法一樣多的利益；在和清廷的交往上，兩國也不像英、法那樣趾高氣昂，而是採用笑裡藏刀的方式，表面上極力照顧大清國的「顏面」，用來換取最大利益。

這種招數往往比槍炮還好用。

從康熙時候開始，俄國就用盡各種辦法南侵。趁著第二次鴉片戰爭開打的機會，俄國用槍炮作威脅，強迫黑龍江的地方大臣簽訂了《璦琿條約》，割讓了黑龍江和松花江北岸的大片領土。可是《璦琿條約》是地方大臣簽訂的，不具備法律效應，而且還和之前清、俄簽訂的《尼布楚條約》衝突，因此清政府拒絕承認，於是俄國公使在第二次鴉片戰爭期間有了一項艱鉅的任務：靠嘴皮子來讓清政府承認這個條約。

這個叫做「伊格那提也夫」的俄國公使超額完成了任務。

在第二次鴉片戰爭剛剛醞釀的時候，這位俄國公使就大展身手。他在英、法聯軍面前痛斥清政府的劣行，鼓動英、法聯軍北上，又向英、法聯軍通報北京城的情況，為英國將軍提供北京城的地圖。在英、法聯軍占領北京後，為了避免《璦琿條約》因清政府垮臺而失效，俄國公使又勸阻聯軍不要過度羞辱清廷。

後來到了奕訢與列強談判時，俄國公使又在清政府面前扮起好人，承諾幫助奕訢減少賠款，以及在簽約後及早讓英、法聯軍撤兵。作為報償，要求奕訢同意《璦琿條約》等要求。

奕訢雖然也知道這個俄國公使並非善類，但現在已經是首都淪陷、連皇帝都可能會被廢掉的時候了，奕訢一個人孤立無援，有個列強肯在裡面「調停」，對他就如同救命稻草一般，奕訢只能萬事拜託俄國人。

得到奕訢的許諾後，俄國公使又使出嘴炮功夫，對英、法聯軍說，北京的寒冬即將到來，到了那時，華北的內河都會結凍，會把所有的軍艦困住，英國和法國人常年在中國南方待著，不知道北方中國什麼情況。一聽俄國公使這麼說，簽完《北京條約》就趕緊撤兵南下了。

在英、法聯軍撤兵後，俄國公使向奕訢索要之前允諾的「酬謝」，又謊稱如果清廷不答應，他就重新召回英、法聯軍——其實他哪有那麼大的本事。可是奕訢覺得這人一張嘴就能讓英、法聯軍退兵，覺得他果然厲害，於是只得簽訂了《中俄北京條約》，除了確認了《瑷琿條約》的內容外，還新割讓了烏蘇里江以東的領土，中國因此損失了一百四十多萬平方公里的土地（面積超過了英格蘭），另外還有各種其他附帶的好處。

這位俄國公使不費一槍一彈，平白得了極爲廣大的領土和大量特權，成了第二次鴉片戰爭裡最大的贏家。

六

隨著英、法聯軍如約退兵，第二次鴉片戰爭終於結束了。

這場戰爭不能說和鴉片貿易完全無關，因爲在戰後的條約裡，中、英正式把鴉片貿易合法化。第一次鴉片戰爭從禁毀鴉片開始，第二次鴉片戰爭以鴉片貿易合法化結束，前後算是一個完整的事件。

但其實第二次鴉片戰爭和鴉片已經沒什麼關係了，因為在第一次鴉片戰爭以後，西方人在中國從事鴉片貿易已經通行無阻，貿易合法化不過是個手續問題。

但這兩場戰爭還是一個前後連貫的整體，這是因為，我們可以把這兩場戰爭看成是農業社會與工業社會的戰爭，是自然經濟與商品經濟的戰爭，是「禮教制度」與「契約精神」的戰爭，是一個不肯睜眼看世界的封閉國度，和要強行打開古老國門的貿易帝國之間的戰爭。從這個角度上說，這兩場戰爭連在一起，才把清政府從「天朝上國」的美夢中一棒子敲醒，直到第二次鴉片戰爭結束，清政府才眞正開始正視外面的世界。

戰爭結束後，清政府和列強之間的關係發生了微妙的改變，他們的關係從之前的劍拔弩張，變得有些曖昧了。

其實在戰爭中就有些曖昧。

在講太平天國的時候我們說過，由於咸豐無力支援軍費，南方諸省已經有了一定的獨立性，在有些事情上不全聽朝廷的話。在第二次鴉片戰爭剛開戰時，英、法聯軍攻陷廣州，負責管理上海的兩江總督就主動聯絡英、法領事館，說：「廣州和你們打，那是廣州的事。上海和你們沒有衝突，我們繼續做我們的貿易。」兩江總督同時還向咸豐皇帝建議說：「上海每年要向朝廷運送大量的糧食，每年還收取大筆的海關稅和商業稅，和外國人開戰太不划算，上海最好還是別和外國人開戰了。」結果這個建議得到了咸豐的批准，五口通商中的其他三個港口也都得到了類似批准。

於是就出現了世界戰爭史上奇特的一幕：在北方清軍和聯軍打得不可開交的時候，這幾個港口卻是歌舞昇平，英、法代表和清朝官員相處和睦、大做生意，甚至英、法聯軍的軍艦能隨意出入中國港口，補給物資，用來支援北京的戰事。

就在英、法聯軍第二次占領大沽炮臺，正要威脅京師、即將占領圓明園的時候，上海受到太平軍的威脅。結果上海的清軍竟然和英、法聯軍一同作戰，共同抵擋太平軍。

等到《北京條約》簽訂後，中、外關係變得更加曖昧。簽完條約後，清政府不再是列強的敵人，而成了列強在華利益的代理人，只有清政府保持穩定、列強才能保證自己的在華利益，所以英、法兩國很快又成了清政府的朋友，很多參與過侵華戰爭的士兵立刻投入到幫助清政府剿滅太平天國的戰鬥中。

這時候，清政府也不講什麼「華夷之辨」，什麼「非我族類」了；英、法聯軍也不講什麼「懲戒野蠻國家」了，這些人開戰前高喊的民族大義、國仇家恨，都爲背後的國家利益讓了路。

只寫課後習題不背概念定義——

洋務運動

要叫醒一個沉睡已久的人，並且讓他立刻清醒過來，光靠輕輕地搖晃沒有用，最好的辦法是一巴掌直接打醒。

火燒圓明園就是打在清政府臉上的一巴掌，很多清廷高層在這場事變後終於回過神來，開始反思自己和世界的差距，但是這些人裡不包括咸豐，咸豐沒被打醒，他是被打傻了。

咸豐登基的時候，距離第一次鴉片戰爭結束已經過了八年，這場仗清廷並不覺得有多疼，只當是一場地區性的戰爭，差不多和明末倭寇同一個等級，後來又過了這麼多年的太平，在清廷的印象裡，似乎已經回到了「天朝上國」的正常軌道裡了。

咸豐登基時只有十九歲，年輕的他志氣滿滿，一心要大展鴻圖，重振朝綱。誰知剛登基不到兩年，就鬧出個太平天國，大軍一度威逼京師，王公貴族四散奔逃，弄得咸豐拿崇禎皇帝來比喻自己——沒做什麼亡國的事，眼看著國家就要在自己的手裡亡了。

太平天國打空了咸豐的家底，打到一分錢都掏不出來了。就在咸豐一籌莫展的時候，上回那批夷人又殺回來了，這次竟然占領了首都，搶劫焚燒了數代先皇經營居住的皇家園林，逼得皇帝倉皇西逃，這是清朝史上從來沒有過的奇恥大辱，突然間就掉到自己頭上了，這皇帝當得心理壓力太大了。

英、法聯軍輕而易舉就能攻入北京，咸豐被徹底嚇壞了，他跑到避暑山莊還不夠，一度想要跑到西安，經大臣苦勸才作罷。英、法聯軍退兵後，清軍重新占領了北京，但是外國公使按照約定住進北京，這是咸豐最害怕的事。因爲害怕見到外國公使，也是因爲對現實有了逃避心理，咸豐再也沒有回到北京，而是在避暑山莊中沉湎於酒色享樂。

這時，咸豐開始咳血，以現在的醫學知識來看，他應該是得了肺結核，可是治療肺結核的特效藥鏈黴素要到八十多年後才出現，在咸豐的時代，肺結核還是絕症。咸豐吃了大量珍貴的藥物但是於事無補，在第二次鴉片戰爭結束不到一年後，就病死在避暑山莊了。

臨死前，咸豐把皇位傳給了五歲的兒子，就是後來的「同治」皇帝。皇帝年齡太小，不可能親政，咸豐就把政務委託給以肅順爲首的八位顧命大臣，實際掌握權力的是肅順。

咸豐有個皇后鈕祜祿氏，就是後來的「慈安」。但是小皇帝同治不是慈安生的，而是貴妃葉赫那拉氏生的。同治當了皇帝，母以子貴，於是葉赫那拉氏也被立爲皇后，也就是人們俗稱的「慈禧」。

也就是說，咸豐死後，清廷一共有兩個皇太后，慈安和慈禧。慈安是咸豐的皇后，慈禧是同治的生母。慈安因爲住在東宮，因此又被稱爲「東太后」，慈禧住在西宮，又被稱爲

「西太后」。

咸豐把死後的政務委託給肅順等八大臣後，他擔心肅順等人權力太大，爲了制衡八大臣，咸豐又給了慈禧和慈安各一方印章，規定所有八大臣擬定的聖旨，都要蓋上這兩方印章才能生效。換句話說，咸豐安排了一個「八大臣和兩宮皇太后」共治朝政的制度，是想讓雙方互相制衡，誰也不要獨攬朝綱，等到同治成年後，把政權穩穩當當地交到同治的手裡。

這個盤算雖然打得好，但其實大有問題。

眞正能保持穩定的權力制衡，是要把權力澈底拆散，就像宋朝那樣，單獨一個機構什麼事情都辦不了，要辦點事必須要好幾個平行機構都同意才行。

我們可以打個比方，如果把「殺死政敵的能力」比作密閉屋子裡的一把手槍的話，那麼宋朝的制度，就是把這把手槍的槍身、子彈和彈匣分別鎖到三個盒子裡，屋子裡的人無論怎麼爭，一個人只能拿到一個盒子，這樣的制度才能保持穩定。

但是清朝不同，清朝的政治結構是皇權高度集中，誰掌握奏摺和玉璽，誰手中就有幾乎無限的權力。拿剛才的比方說，清朝的制度就是在密閉的屋子裡放上一把子彈已經上了膛的手槍。咸豐臨死前把這把手槍扔到了地上，然後對八大臣和兩宮宣布說：「我臨時制定一個規矩，以後你們兩方，一方先寫申請，另一方簽了字，才能用這把手槍，不許耍賴啊！」這怎麼可能呢？只要咸豐一死，手槍一扔到地上，局面立刻變成了「誰搶先拿到手槍把對方殺了，誰就能活下去」的局面。

就看誰下手快、下手狠了。

在肅順看來，兩宮皇太后不足爲慮，入關後，清朝對後宮干政問題一直都處理得不錯。從孝莊往後，歷代的后妃都是安安分分的女子，沒出過什麼禍亂，而且當時的慈禧只有二十六歲，慈安只有二十四歲，全是沒有見識的年輕女子，也沒受過什麼教育，肅順覺得很容易就能控制她們。

唯一讓肅順擔心的，是留在北京的恭親王奕訢。

在英、法聯軍入侵之際，奕訢在北京主持政務，一個人獨自抵擋夷人，成了北京政界的精神支柱。

北京被英、法聯軍攻占，清朝人按照過去的歷史經驗來看待這事，結論是：「完了！完了！澈底完了！」因爲從歷史上看，這就是不信儒家的夷狄入侵中原嘛！相當於當年的五胡亂華、蒙元滅宋，清人以爲英、法隨後的所爲也會像五胡和蒙元一樣：要嘛占去我們半壁江山，要嘛扶植個傀儡皇帝，最差也應該是要大清俯首稱臣、歲歲納貢，就像當年南宋那樣，逼我們認維多利亞女王當皇姐姐或者皇媽媽什麼的。結果最後的《北京條約》割地賠款固然也很慘痛，可是不像歷史上那樣動輒痛失半壁江山，或者被擄走大批人口，而且兩國關係最後竟然還能保持平等，這簡直是外交上的大勝利啊！

傳統中國文化缺少契約精神，在政治上厚黑耍賴是很正常的事。（還記得桂良說過：「將來倘欲背盟棄好，只須將奴才等治以辦理不善之罪，即可作為廢紙。」）而且在鴉片戰爭裡，由於下面的官員拚命瞞報，不肯把列強的眞正訴求告訴朝廷，導致大部分清朝人都覺得夷人辦事太沒規矩了。比如：第一次鴉片戰爭裡，英夷明明都說好了已經認知到自己的錯誤，願意接受大清皇帝的責罰（其實是前線官員打敗後撒謊），怎麼好好的突然打過來了？所以當時清人都以爲這些外國夷人是「犬羊之性，荒忽無常」。結果誰知道簽訂了《北京條約》後，英、法聯軍說退兵就退兵，也沒有說賴著進一步勒索。當時很多人十分驚訝，以爲這是奕訢在外交上的功勞，使得奕訢在清朝官員中贏得了極高的聲望。

奕訢和肅順素來不合，肅順對奕訢頗爲忌憚，但也不是特別擔心，因爲八個顧命大臣、兩宮皇太后和同治皇帝，都跟著咸豐一起跑到避暑山莊了。咸豐死後，小皇帝和皇太后都在肅順一黨的掌握裡，遠在北京的奕訢能鬧出什麼動靜來？

肅順沒想到的是：鬧出最大動靜的，是那個二十六歲的慈禧。

兩宮皇太后裡，慈安沒受過教育，看不懂奏摺；慈禧不同，她的父親是中層文官，她在小時候受過一點教育，讀過書，會寫字，這在當時的女子中是很少見。清朝皇帝政務繁忙，咸豐晚年疾病纏身又惰於政務，根據歷史學家的推測，慈禧很可能幫助咸豐看過奏摺，這對她掌握政權是非常大的幫助。

肅順和楊秀清一樣，虧在大權在握時飛揚跋扈又缺乏戒備，除了自己一派外，他得罪了很多大臣。肅順也不把兩宮皇太后放在眼裡，在咸豐死後不久，肅順就和兩宮皇太后發生了激烈衝突。肅順在與兩宮爭論時咄咄逼人，竟然把慈禧懷中的同治皇帝嚇尿了褲子，慈禧對此無比憤恨，她一面假裝順從肅順，一面派親信太監安德海偷偷去北京聯絡奕訢。奕訢對此求之不得，他立刻以祭奠咸豐為由，來到承德奔喪，借此機會與兩宮太后密談。雙方一拍即合，制定了除掉肅順的祕密計畫。為了防止肅順暗害，當天奕訢就匆匆趕回北京。

按照禮制，咸豐的棺槨應該運回北京，同治皇帝、兩宮皇太后以及八大臣等人作為國家的最高權力機關，也應該返回紫禁城執掌朝政。按照祖制，小皇帝應該跟著先皇的靈柩一起走，每天還要舉行祭奠儀式。兩宮太后以皇帝太小，受不了這種辛苦為由，要求先回北京。肅順沒有多想，答應了兩宮的要求，讓兩宮太后、小皇帝和四位顧命大臣先走一步。肅順作為先皇最信賴的大臣，和其他顧命大臣陪伴著皇帝的棺槨在後面慢慢走，慈禧利用這個辦法，擺脫了肅順的控制，並且賺到時間差。

此時的北京已經被奕訢控制，兩宮太后到了北京後，立刻召見在北京的大臣，以「孤兒寡母」的形象哭訴肅順專橫跋扈、欺壓皇上。兩宮以小皇帝的名義當場宣布八大臣非法，奕訢的侍衛隨即抓捕了隨太后一起回京的顧命大臣，並立刻帶兵抓捕了還在半路上的肅順。八大臣中，兩位親王被下令自裁，肅順立刻斬首，其餘五位大臣解職。

權力爭鬥比的就是誰手快，可憐肅順前一秒鐘還是萬人之下的權臣，下一秒就成了刑場上的刀下鬼。

二

政變成功後，權力交到了政變的領導者——兩位太后和奕訢的手裡。慈安缺少教育，所以實際上是慈禧和奕訢共同執政。

慈禧和奕訢這兩個人中，奕訢又比慈禧更有實力。當時的慈禧只是粗通文墨，撰寫的諭旨錯字連篇，她的執政經驗只來自於幫咸豐批閱數量有限的奏摺，遠不及在一線主持政務、密切接觸朝中大臣的奕訢。在抓捕肅順的政變中，眞正策劃主事的也是奕訢，而不是慈禧。

奕訢接手朝政以後，第一件事就是要收拾咸豐留下來的爛攤子。火燒圓明園打醒了清政府，讓清廷意識到什麼「夷人打仗全靠漢奸」、「夷人不善於陸戰」全是胡說，夷人的武力強大到可以隨便蹂躪清廷的地步，清廷的首要任務是立刻提高自己的軍事實力，不能總讓人這麼欺負呀！

怎麼能快速提高軍事實力呢？奕訢想到了向列強求助。

前面說過，第二次鴉片戰爭的一大衝突，其實是資本主義國家「契約社會」與傳統中國「禮教社會」之間的衝突，外國人受不了清政府簽了合約不遵守的流氓習氣，清廷也沒想過這麼一張薄薄的合約到底有什麼重要。

結果在和英、法聯軍的談判中，奕訢發現列強奇特的一面：他們在談判的時候雖然凶狠異常、蠻不講理，但是一旦條約簽訂了就會認眞執行，哪怕大軍在握也不會再耍流氓了。用今天的話說，人家很有「契約精神」。

我插嘴一下。你或許會覺得，這些西方列強太虛僞了，發動侵略戰爭不就是欺負人嗎？《南京條約》也好，《北京條約》也好，都是拿著刀槍逼著大清簽下的，還不就是你們想簽什麼就簽什麼嗎？都已經這麼欺負人了，還講什麼契約精神，這不是太虛僞了嗎？

其實，西方國家堅持契約精神不是裝模作樣，也不是虛僞，而是出於自身私利的考慮。

爲什麼這麼說呢？

我們曾經說過，想要靠法律去管理每一個社會成員，那樣的成本太高了，爲了節約管理成本，每個社會都需要有一些全體成員都願意自覺遵守的道德準則。在古代的中國，這個準則是儒家道德；在古代的歐洲，這個準則是宗教精神，宗教告訴大家只有不撒謊、老實勞動、生活簡樸、和善待人，將來才能上天堂，這社會秩序就維持住了。

但是到了資本主義社會，出現了新的情況。

在資本主義社會裡，人們做得最多的事情是交易，而且很多時候是和陌生人交易。我們之前說過，在交易的過程中會產生很多成本，比如資訊成本、運輸成本、信任成本等。資訊成本和運輸成本在工業時代出現電報、火車以後，被大大降低了，但是「信任成本」沒法靠技術解決。

「信任成本」的意思就是說：我們和陌生人交易的時候，會擔心對方可能會欺騙我們，爲了降低風險，我們就要在交易時尋找共同熟悉的擔保人，或者減少和陌生人的交易量，甚至拒絕和陌生人交易，這就極大地降低了商業社會的效率。

如何解決這個問題呢？一個是靠健全的法律，另一個就是建立一種新道德，迫使人們以遵守契約爲榮，以違反契約爲恥，這個道德，就是「契約精神」。

古代中國商業活動不發達，契約精神就不強。當然，儒家也講「守信」，也講「言必信，行必果」，但儒家的核心精神是禮教綱常，當契約精神與綱常出現衝突的時候，契約精神必須讓位，比如：當皇帝對大臣說話不算數的時候，父親對兒子說話不算數的時候，都不會有人指責說：「你不對啊！你怎麼沒有契約精神呢？」而是：「君要臣死，臣不死是為不忠。父叫子亡，子不亡則為不孝。」他是皇帝（你爹）啊！他要你幹嘛就幹嘛，哪裡那麼多廢話！

所以在古代中國人的心目中，只要為了維護儒家大義，契約精神大可以放棄。所以桂良向咸豐獻「妙計」說這條約簽了，咱們將來也大可以不認，這在儒家看來就不是丟人的事，而是在維持「天朝在上，夷人在下」的儒家制度，是道德高尚之舉。

資本主義國家就不一樣了，他們十分推崇契約精神，認為履行契約是做人最基本的道德，違背契約是卑鄙可恥的行為。因為只有這樣，才能有效降低交易成本，也正出於這種觀念，西方國家才以己度人地覺得，沒有契約精神的大清是個道德素質低下、不開化的野蠻國家。

具體在國際事務裡，西方列強表現為既有流氓的一面，也有遵守契約的一面。

當涉及很大利益，這利益已經大過違背契約精神的成本之時，列強就會耍流氓，比如：兩次鴉片戰爭的發動理由全都是耍流氓，國家利益為上，要就要了。在做出耍流氓的決定時，議員們心目中想的是大英帝國利益至上，愛國情緒超過了耍流氓的罪惡感，他們自己不覺得有什麼不對，國內也不會有誰來指責他。

但是一旦大的利益確定了，在不平等條約簽完後，遵守契約的榮譽感又占了上風，這時候誰要是再不遵守合約，他自己覺得丟人，國內也會指責他丟了「文明國家」的顏面。

奕訢在與英、法聯軍的談判中發現了這一點。既然列強肯嚴格履行契約，那就說明列強並不是不能合作，只要能談出一個對雙方都有利的條約就行。

不僅奕訢這麼想，南方各省的督撫也這麼想。

可以這麼說，太平天國運動對於南方各省的官員是一場考試。殘酷的戰爭把這些地區所有不務實的官員，所有那些靠血緣、靠八股文、靠吹噓儒家道德爬上來的官員，都洗刷掉了，最後剩下來並掌握實權的，都是曾國藩那樣務實的官員。這些人在戰爭中不得不購買西式武器，甚至與英、法聯軍合作。透過與西方人的接觸，他們與奕訢一樣，也感受到西方人並非是「犬羊之性」，只要符合西方的行事規則，和列強是可以談判、合作的。

奕訢是朝廷的實權派，南方各省督撫是地方的實權派，這兩大實權派此時都意識到與列強適當合作，吸收列強的先進技術，是國家最好的出路。

清政府希望利用列強，那列強願不願意幫助清政府呢？也願意。

從主觀上說，清政府既然已經與列強簽訂了一系列不平等的條約，清廷就成了列強利益的代理人，成了半個朋友，列強也就希望清政府能鞏固對中國的統治，否則江山易手，之前的條約就白簽了；列強甚至希望清政府能更富強一些，清政府的收入增加了，能從中榨取的經濟利益也就更高了。且不說戰爭賠款之類的直接勒索，單單是數億人購買力的提高，就可以讓外國商人笑得合不攏嘴。

從客觀上說，盤踞在中國的列強來自數個國家，這些國家之間時常勾心鬥角，甚至刀兵相見，就算這個國家不願意與清政府合作，還會有別的國家願意合作，因爲清廷與列強合作時會支付金錢、出讓一些利益，甚至在政策上受到該國左右，所以各個列強有時爲了爭取在華利益，在清廷面前反倒競爭起來了。

而且西方國家的政府難以約束本國商人，就一國來說，就算政府不願意合作，本國總也會有一些投機者願意合作，就像太平天國時的「洋槍隊」，一開始就是美國投機客的私人行爲。清政府在熟悉了西方國家的運作規律後，知道只要肯出讓利益，總能找到願意合作的外國人。

因爲以上這些原因，奕訢在與英、法聯軍談判時驚喜地發現，英、法聯軍的兩個最高指揮官作爲敵軍將領，竟然「不僅不想對中國隱瞞他們的軍事祕密，而且還公開提議要按西洋模式，幫助中國訓練軍隊及鑄造武器」。這種商業國家的特殊思維，讓奕訢看到了與列強合作的新天地。

於是在同治繼位以後，清廷開始與列強展開一系列合作。古代中國一直把外國人稱爲「夷」，這個字帶有歧視性，英國人早在鴉片戰爭爆發之前就知道這不是一個好字。到了簽訂《天津條約》的時候，英國人特意要求清方從此以後，在任何文書中都不能再使用「夷」字，從此，清政府把外國人改稱爲「洋」。

外國事務原本稱爲「夷務」，到了《天津條約》後，就變成了「洋務」，這場與列強的合作運動，也就被稱爲「洋務運動」。

三

辦洋務，具體要辦些什麼呢？

羅伯特·麥基的《故事》一書堪稱編劇界的聖經，在講到主角行爲的時候，它提到一個很重要的規律：當主角遇到阻礙時，他首先採取的行動，一定是最安全、最保守的。這是一切生物的生存本能：只有一切行動都儘量減少風險、減少能量損耗，才能提高自己的生存機率。

就好比說，在一部男主角爲了擄獲女孩的心，不惜全球大冒險的愛情電影裡，男主角最開始的行動，應該是試圖約女孩吃飯；在一部上班族手持衝鋒槍，隻身大戰銀行劫匪的動作片裡，主角遇到劫匪的第一個動作，應該是先試圖報警；在一部現代背景的鬼片裡，主角遇到靈異事件的第一反應，是用巧合、幻覺和科學知識去解釋。

這不只是劇本的規律，也是人類行爲的普遍規律。在列強壓力面前的清政府，採用的也是相同的邏輯，首先選擇風險最小，行爲最保守的辦法來改良國家。

面對這次入侵，清廷最直接的感受是列強武器裝備先進、軍事訓練得體。就像我們小時候第一次讀到鴉片戰爭，第一反應也大多是「中國失敗都是因爲武器不如人，只要人手一枝衝鋒槍，立刻反攻回倫敦」，而且還有實實在在的證據：華爾建立的「洋槍隊」，就是用西式方法訓練、裝備西式武器的中國人，戰鬥力的確十分出眾嘛！

按照這個思路，洋務運動的首要工作，是在全國開辦新式兵工廠，從步槍、大炮到軍艦逐一仿造西式武器。建造新式武器需要大量的鋼鐵和煤炭，所以還要開礦、建造冶煉廠；鋼鐵和煤炭還需要運出來，所以還要修建鐵路，後來爲了軍事聯絡的目的，還修建了電報。

與外國人合作、仿造西式武器、使用機器設備都需要熟悉現代化知識的新式人才，因此還要配套開辦翻譯西方文字的翻譯機構，培養新式人才的教育機構。

以上就是早期洋務運動的基本內容。

建工廠其實不難，只要朝廷肯給錢、制訂政策，外國人樂得賺錢做生意，這工廠馬上就蓋起來了。

難的是改變儒家思想。

在中國傳統的知識體系裡，倫理綱常、儒家道德是最重要的知識，這些是傳統思想中的「本」，科學技術則是「末」，在思想體系中是不入流的。中國傳統的知識分子，最自豪的是寫哲學著作，比如王陽明寫本《傳習錄》，這是萬世敬仰的大學問家；或者寫史學著作，比如司馬遷寫本《史記》，那是流芳萬古；次一個等級的呢，寫詩、寫散文、寫遊記，這也算有格調；寫農書、醫書、科技類圖書，固然沒人批評你，可是也很少有人讚揚你，這類書籍在中國歷史上地位低，數量少。乾隆時編修的《四庫全書》爲什麼要叫「四庫」呢？因爲它把所有書籍分成了經、史、子、集四大類，「經」是哲學著作，「史」是史學著作，「集」是文學著作，而科學技術部分，是「子」這一類下面的具體幾個小部分，和小說、書畫、佛道等書籍並列在一起，屬於雜書，規格不高。

在這個思想體系裡，儒學如同參天大樹，技術是大樹上的一些枝葉。當清人意識到西方人科學技術先進的時候，他們頭腦中的反應是「我們這棵大樹上有些枝葉枯黃了」，那應對的方式，當然是把這些枝葉修剪修剪，換成新的，而不是把整棵大樹都連根拔起。

洋務運動的領導者，無論是奕訢還是曾國藩等地方大員，他們都飽讀詩書，多是經過科舉考試的儒學菁英，他們也都相信國家仍舊應該以儒學爲本，洋務運動不能動搖儒學。

從客觀上講，儒家思想也不能動。

洋務運動與西方的民權民主革命不同，民權民主革命是先有商人階層慢慢積攢實力，等到商人勢力強大了，他們從下至上，硬逼著國家改變制度，制定各種有利於商業活動的新政策。

洋務運動是從上至下推廣的。那時的中國還是以自然經濟爲主的農業國家，還沒有強大的商人階層，維持社會基層秩序的是鄉紳。前面說過，鄉紳離開儒家思想就沒法維持地方秩序，所以基層不可能廢掉儒家思想。

在高層，清廷入關以後花了那麼大的功夫儒家化，爲的就是把自己融入到儒家的禮制系統中，用來維持統治，現在想要讓高層宣布儒家思想作廢，這也不可能。

因爲以上這些原因，洋務運動的實際做法，是只學習西方的技術，不去改變中國的傳統思想，這就是所謂的「中學為體，西學為用」。

這個「中學」，就是儒家思想，儒家希望建立的，是一個等級分明、凝固不動的社會，可是我們說過，要建立發達的商業社會，需要的是公平、開放的市場，要公平，就不能等級分明；要開放，就不能凝固不動。

換句話說，商業社會和儒家社會整個是衝突的，非要在儒家社會裡建工廠、辦洋務，最後一定會出現一大堆問題。

四

儒家思想的核心道德是尊重身分等級，君就是君，臣就是臣，這個等級絕對不能動搖。商業社會不同，商業社會鼓勵追逐利益，在商業社會裡，合法收入越多，就代表你對這個社會貢獻越大、越道德，就像我們今天的社會最崇拜的是「成功者」，一個人要是能成為首富，那是萬人敬仰，追隨者無數。

這就是說，儒家社會和商業社會的價值觀是完全衝突的，所以孔子說「君子喻於義，小人喻於利」，說那些追求錢的都不是儒家價值觀下的好人，因此，中國傳統社會向來不支持民間經商。在很多朝代裡，商人都要忍受各種歧視性政策，朝廷也不注意保護商人的利益，動不動就勒索一把。在這種思想下，清末的洋務派官員也就沒打算把各種洋務事業交給民間商人，更何況，最開始興建的都是軍工產業，這種企業當然更要掌握在朝廷的手裡。

洋務運動中，企業的主要形式都是「官辦」，就是國家出錢，由官員去經營，其中的弊病我們不難想到：因為沒有開放的商業市場幫助調配資源，會導致極低的生產效率和巨大的資源浪費，具體的表現，就是那些「官辦」的企業可以透過行政命令，禁止同業的民間企業與它競爭。沒有了競爭者，這些官辦企業也就用不著改進生產技術，整天混吃混喝一樣能把質次價高商品賣出去，生產效率也就不可能提高了。

企業的經營者是朝廷任命的，這些人是因為自己的政治地位，而非透過競爭當上經營者，他們也就未必擁有管理企業的能力，他們中很多人貪圖私利，只想著自己怎麼能從企業中撈錢，而不是把企業辦好。

因為負責人既無能力，又不一定真心想辦好企業，那麼到了企業的基層，就會出現管理混亂，充斥著各種貪汙、收回扣、吃空餉、假造帳目、拖延工期、以次充好的爛事、採買原料不考慮品質、生產研發不考慮效率，最後反映到表面上，就是這些官辦企業都變成了一個個無底洞，朝廷大筆的銀子扔進去，生產效果卻差強人意。

時間長了，負責洋務運動的官員也看到了這些弊端，大家發現洋務運動花錢太凶，朝廷實在承受不了，於是洋務派想到吸引民間投資，用「官督商辦」或者「官商合辦」來建設企業，也就是說，吸引民間商人來投資我們朝廷的企業，等到企業賺錢後，再按照股份來給大家分紅。

股份制我們很熟悉：今天我們在證券市場裡購買了一個公司的股票，就可以成為這個公司的投資人，公司獲利後，我們就能按照比例得到分紅。

但問題是，我們今天坐在家裡掏出手機點幾下就能買到若干股票，可是我又沒到訪過這個企業，我又不懂得經營，我怎麼知道我投資的錢能得到妥善的經營？我怎麼知道這個企業的管理人不會把我的錢貪汙了？比如：他花了大筆錢去他朋友的公司購買價高質低的產品，最後企業虧損了，我作為股東不就白白損失了嗎？

所以今天有一個國家機構叫做「金管會」，還有《公司法》和《證券交易法》，這些機構和法律對上市公司有極為嚴格的規定，公司想要上市，就必須向全社會公開企業的經營情況，很多細微小事都要受到股東和法律的監督。

換句話說，吸納民間投資這件事，必須有一個獨立、公正的第三方監督企業經營情況，可是洋務運動中的「官督商辦」或者「官商合辦」，都是由朝廷委派的官員來辦。那個時代，第一沒有《公司法》，第二也沒有獨立的司法系統，你想讓民間投資人透過法院去起訴管理公司的官員貪汙，這在清朝的政治體系中是根本不可能的事。

那麼這種公司的下場我們都能想到：仍舊是貪腐成風、仍舊是極低的效率，官員們把民間的投資用各種辦法據爲己有，然後就說公司虧空，沒錢還本，破產拉倒。時間一長，哪一個民間商人願意投資呢？這種模式也不可能實現下去。

所以這話就說回來了，洋務運動中的官員以爲「中學爲體，西學爲用」，以爲國家富強的關鍵在於機器和技術。其實他們錯了，國家富強的關鍵在商業發達，商業發達的關鍵在於一個公平、開放的市場，一個公平、開放的市場在於國家沒有特權階級，任何人都必須接受法律的約束。這就一下子回到「本」的問題上了，你不去改變國家制度，去約束清廷貴族、地方官僚這些特權階級，就不可能實現高效率的生產。

可是要那個時代的洋務官員站出來高喊「咱們大清上層要改革，要建立可以審判皇室的最高法院」這顯然是不可能的事，且不說奕訢等人自己不可能有這個覺悟，就算他們有這個想法，清政府還有幾十萬的八旗和綠營軍隊，湘軍、淮軍中還有大量的舊式官僚，地方還有無數支持舊制度的鄉紳，膽敢改變制度的人，隨時被大夥剿滅，成爲洋務派「用夷變夏」、

「壞我大清國本」的鐵證被抓出來示眾。

梁啟超批評洋務運動中的李鴻章，說他「知有兵事而不知有民政，知有外交而不知有內治，知有朝廷而不知有國民」⑪，此話對李鴻章並不公平，因爲李鴻章也知道國家的根本在

⑪ 梁啟超《李鴻章傳》第六章，相關兩段值得全錄如下：「吾敢以一言武斷之曰：李鴻章實不知國務之人也。不知國家之為何物、不知國家與政府有若何之關係、不知政府與人民有若何之許可權、不知大臣當盡之責任。其於西國所以富強之原，茫乎未有聞焉，以為吾中國之政教文物風俗，無一不優於他國，所不及者唯槍耳、炮耳、船耳、鐵路耳、機器耳，吾但學此，而洋務之能事畢矣。此近日舉國談時務者所異口同聲，而李鴻章實此一派中三十年前之先輩也。是所謂無顏效西子之顰，邯鄲學武陵之步，其適形其醜，終無所得也，固宜。……夫以李鴻章之忠純也若彼，其明察也若此，而又久居要津，柄持大權，而其成就乃有今日者，何也？則以知有兵事而不知有民政，知有外交而不知有內治，知有朝廷而不知有國民。日責人昧於大局，而已於大局，先自不明；日責人畛域難化，故習難除，而已之畛域故習，以視彼等，猶不過五十步與百步也。殊不知今日世界之競爭，不在國家而在國民，殊不知泰西諸國所以能化畛域、除故習、布新憲、致富強者，其機恆發自下而非發自上，而求其此機之何以能發，則必有一二先覺有大力者，從而導其轅而鼓其鋒，風氣既成，然後因而用之，未有不能濟者也。李鴻章而不知此不憂此則亦已耳，亦既知之，亦既憂之，以彼之地位、彼之聲望，上之可以格君心以臂使百僚，下之可以造輿論以呼起全國，而惜乎李之不能也。吾故曰：李之受病，在不學無術。故曰：為時勢所造之英雄，非造時勢之英雄也。」如果看成是批評整個洋務運動而非李鴻章個人，這兩段頗為中肯。

於民政，在洋務運動中期就開始大力開辦民用工廠、辦民用公司，但假如把這段話看成是批評當時的整個清廷高層，那正是恰如其分的評價。

五

洋務運動已經先天不足，起手已經問題重重，結果還不能好好地辦下去。

咸豐去世後，大清的政治格局是：朝廷上有奕訢，地方上有曾國藩，但是這個格局很快就發生了變化。

在朝廷裡，奕訢就像肅順一樣，一開始很輕視兩宮皇太后，以為都是普通女流，但是奕訢沒想到，慈禧這人極有野心又極有能力，在最初的幾年裡，慈禧拚命學習政治知識，積極培植自己的勢力，圖謀更大的權力。

最關鍵的是：清朝皇權極為集中，在這種制度下，誰掌握了皇帝誰就能掌握一切權力。

奕訢一度權傾朝野，鼎盛時期的主要職位是「議政王大臣」和「領班軍機大臣」，這兩個職位是什麼意思呢？當年清軍入關時，還沒有完全脫離舊的部落制度，國家事務還需要召集各個部落的貴族一起商量，這些參與朝政的貴族就是「議政王」。隨著皇權集中，議政王大臣會議很快形同虛設，到了乾隆的時候乾脆取消了。奕訢這個「議政王大臣」是專門為他一個人設的，是個虛職；「領班軍機大臣」呢？就是軍機大臣的領袖，軍機處是清政府最核心的權力機構，這是個實權，換句話說，奕訢已經是權力最高的大臣。

可是，清廷的軍機處相當於皇帝的私人祕書處，沒有和皇帝討價還價的權力，不像明朝的內閣那樣可以「封駁」皇帝的命令，只能無條件地執行上諭。奕訢就算是軍機處的領袖，所有的行政命令也必須在皇帝那裡蓋章才有合法性，所以，奕訢雖然是一人之下，萬人之上，但在清政府的政治體系裡，仍舊無法和皇帝挑戰。當朝皇帝是慈禧的親兒子，一言一行都被慈禧控制，因此奕訢透過合法手段根本鬥不過慈禧，再加上慈禧逐漸爭取到了一些實權派大臣的支持，奕訢就更沒有勝算了。

咸豐去世後沒幾年，慈禧的權勢就逐漸超過了奕訢，朝中權力倒向慈禧一邊。又經過不斷的政治爭鬥，在咸豐去世二十三年後，也就是洋務運動辦了二十多年後，慈禧終於把奕訢徹底趕出了權力中樞，自己獨霸朝廷。

咸豐去世後不久，地方上的政治形勢也發生了變化，地方最大的實權官員從曾國藩變成了李鴻章。

李鴻章是曾國藩門下的學生，深受曾國藩的賞識，最開始，李鴻章跟隨曾國藩辦湘軍，一起對抗太平天國。爲了擴張湘軍的力量，曾國藩後來撥給李鴻章三千湘軍，讓李鴻章去他的家鄉安徽招募士兵，因爲李鴻章招募的士兵大多來自於安徽省的淮河地區，因此這支軍隊稱爲「淮軍」，淮軍也逐漸變成了李鴻章的私人軍隊。

剿滅太平天國後，戰事並未停歇，當時中國還有大量的捻軍。負責剿捻的僧格林沁戰死，曾國藩又投入到清剿捻軍的戰鬥中。由於年邁力衰等原因，曾國藩清剿不力，於是推薦李鴻章接替他的職務。最終李鴻章的淮軍大敗捻軍，李鴻章因此被朝廷重用，成爲繼曾國藩後，晚清最強有力的大臣。

相比曾國藩，小他十二歲的李鴻章對待西方事務更加開放，在清廷諸多大員中，對洋務運動最爲積極。

辦洋務是個很實際的工作，如何與外國人合作，如何購買機器，如何引進人才，如何開辦工廠、組織生產，這些都需要一個既熟悉西方事務又很務實的人才能辦到。清廷出於防止地方坐大、防止漢人掌權的考慮，曾經開辦了一些由清朝貴族管理的新式企業，結果都因爲經營不善，辦理不下去，最後不得已，洋務運動還是要委託給李鴻章這樣有能力的人來處理，因此，李鴻章就成了洋務運動中的領軍人物。

這個領軍人物可不是那麼好當的，李鴻章受到了非比尋常的壓力，因爲多數人不認同洋務運動。

其中有意識形態的原因。中國面積太大，和西方人親密接觸的，也就是奕訢這種參與過外交的中央大員和南方省分的地方大臣，這些人中也只有少部分人能夠眼光開放，支持洋務運動，還有更多的大臣躲在內陸、躲在後方，他們看不到西方文化的先進，聽到的都是關於西人各種野蠻行徑的傳言。這些大臣都是經過殘酷科舉考試的儒學菁英，他們仍舊相信儒學是拯救國家的唯一正道，洋務運動是在把國家帶向毀滅，他們聲稱「立國之道，尙禮義，不尙權謀。根本之圖，在人心，不在技藝」。

大部分中層知識分子也不理解洋務運動，因爲科舉制度沒有廢除，知識分子還是靠讀儒書、考科舉來當官，因此他們「固無須借洋務以自顯，遂亦得鄙夷之以自高」，在儒家科舉的大環境下，誰鄙視洋務，誰就是政治正確。

再者，當那些原本靠科舉考試、靠儒家思想獲得權力的官員看到世道變了，看到那些成天和洋人親密合作的大臣現在呼風喚雨了，權力熏天了，很多失勢的官員也會產生嫉恨，國仇私怨混在一起，讓這些人對洋務運動充滿了敵視。奕訢因爲排行第六，於是被他們稱爲「鬼子六」，另一個洋務運動的官員丁日昌則被稱爲「丁鬼奴」。

古代官場爭鬥的一大辦法是透過奏章和奏摺進行言論攻擊，這些敵視洋務運動的傳統儒生，就靠撰寫洋洋灑灑的道德文章來攻擊洋務派官員。這種靠道德文章攻擊政敵的方法稱爲「清議」，清朝末年的這群「清議」官員，就被稱爲「清流派」⑫。

清流派我們並不陌生，明朝末年的東林黨就是這種人，再往上，還可上溯到北宋的司馬光、東漢末年的「黨人」，這些人的共同特點是在決定國家政策的時候，不懂得「儒表法裡」的道理，不知道治理國家需要制定實際的政策、需要經濟學知識，而認爲只要萬事遵守

⑫ 晚清批評洋務運動的官員，按照保守程度不同，還可以再分為兩類。其中最保守的官員，他們的思想還停留在鴉片戰爭之前，拒絕一切改革措施，拒絕和西方交流，主張對外強硬。這類官員在中國近代史著作中，一般被稱為「保守派」或者「頑固派」；更開放一些的，稱為「清流派」。清流派官員並非都抵制洋務，其中一些人，如：陳寶琛、張佩綸和張之洞都主張辦洋務，但是他們的西化程度比洋務派更保守，辦洋務紙上談兵的程度更多，對外比洋務派更強硬（張之洞在甲午後思想更開放，逐漸變為「洋務派」）。為了敘述簡便，本文所說的「清流派」包括了上述頑固派和清流派的大部分官員。
清流派是按照政策觀念劃分的，和「東林黨」那樣的黨派不同，內部並不一定有共同的政治利益。同為清流派官員，有可能屬於不同的政治派別，如：慈禧利用清流派攻擊奕訢，但清流派中也有人和奕訢交好，還有人以儒家立場批評慈禧破壞朝政。光緒時，「後清流」與「前清流」也有矛盾，這些矛盾較為次要，本書不再贅述。

儒家道德，宣傳儒家大義，保證官員高風亮節就能解決一切問題。

清末的清流派官員也受到火燒圓明園的刺激，也知道國家處於危難之中，但是他們為國家開出的藥方還是儒家傳統的那一套：對國事，就是廣開言路，整頓吏治，強調忠孝；對經濟，就是體恤百姓，鼓勵農桑，縮減政府開支；對軍事，就是向軍隊進行道德宣講，令其「激發天良」、多撥軍款、高額懸賞、募集鄉勇，以及胡亂謀劃各種紙上談兵的「妙計」；對外政策，就是強硬對外，積極主戰，誰主張和談誰就是賣國賊。

這些清流派如此不切實際，卻受到了朝廷的支持。

咸豐去世後，慈禧和奕訢一度雙雄執政，奕訢是洋務派，慈禧想要削弱奕訢的實力，便扶植一些清流派進入權力中心，靠他們的道德文章來攻擊奕訢一系。

在慈禧掌握實權後，她還要面臨各地漢人督撫的威脅。太平天國運動後，全國各處還有很多叛亂，滿、蒙軍隊清剿不力，最後全都靠湘軍、淮軍等漢人將領剿平，導致後來全國九成的督撫都是漢人。站在清廷的角度看，這已經是到了被推翻邊緣了，誰能保證這些督撫裡不會有人突然站出來推翻清廷？像李鴻章這樣的漢人大官，因為常年主持洋務運動，掌握了大筆的朝廷撥款和新式軍隊，他們要是造反了怎麼辦？

所以慈禧為了保護自己的權力，為了保護大清的江山，她一方面要籠絡洋務派，一方面要重用清流派，靠這些人去制衡洋務派，小心翼翼地把握著權力的平衡。

在這種情況下，洋務官員就很痛苦了。

負責洋務運動的政府機構叫做「總理各國事務衙門」，簡稱「總理衙門」。顧名思義，所有與外國人的合作，包括軍事上的、外交上的、經濟上的，通通都歸這個部門管理，所以這個部門的權力說大非常大，軍事、經濟、外交、海關這些大事全都可以管。但是說小又很小，因爲它是在正式的國家機構之外，額外增添的附屬機構，從國家正式的機構上講，管經濟的有戶部，管軍事的有兵部，管外交的有禮部，總領一切的有軍機處，只要朝廷願意，任何事都可以不經過總理衙門，直接走正規管道，說白了，這就是個「朝廷要你有用你就有用，要你沒用你就什麼權力都沒有」的部門，朝廷想打壓洋務官員非常容易，洋務官員也就時常受到遏制。

這樣的洋務運動，能辦得好嗎？

我們不妨這麼評價洋務運動：

首先，它是一次治標不治本的改革。在表面上生產了一些現代化的機器、武器，但是實質上並沒有提高全社會的生產效率，國力沒有提高，反倒出現了極大的浪費。其次，這場運動還時刻有清流派在後面扯後腿，因此，洋務運動「國富兵強」的目標不可能實現。

朝廷雖然投下去大筆的銀子，雖然從外國購買了很多新式武器，但最終的結果不是「國富兵強」，而是只能勉強做到「國窮兵強」。可是我們說過，戰爭勝敗的關鍵不在於武器而在於國力的大小，「國窮兵強」的結果是大清表面上擁有了一支現代化軍隊，其實內裡千瘡百孔，先進的武器裝備猶如窗戶紙一般，一捅就破。

具體伸手去捅它的，是剛成立不過二十年的日本海軍。

很多看起來是錢的問題，其實都不是錢的問題——

甲午戰爭（上）

從唐朝初年到清朝末年，日本一直把中國看成是榜樣國家，「中國一切都比我們好，我們有什麼不明白的學習中國就對了」是日本政府長期的信條。在思想和文化上，古代日本大體和中國一樣，也認爲儒家思想是最偉大的眞理，越遠的國家越蠻夷。

到了西方列強入侵中國的時候，和中國一衣帶水的日本也遇到了列強的入侵，在艦炮下被迫簽訂了不平等條約。像清廷一樣，日本也感到被「蠻夷入侵」的極大恥辱，但不同的是，日本的轉型非常快，舉國上下很快就認知到只有學習西方才是自強之路。在清政府洋務運動開始七、八年後，日本開始了全面改革，因爲當時的天皇年號爲「明治」，因此這場改革被稱爲「明治維新」。

明治維新比洋務運動要澈底得多。我們現在有個詞叫「全盤西化」，明治維新可以稱得上是「九成西化」，不僅經濟、工業、商業、教育全面學習歐美，連政治制度也西化，引進了歐洲的議會制度，甚至連完全沒必要改的服飾也都變成西式，從天皇到大臣，人人都穿上了洋人的衣服，這架勢不禁讓我們想起了當年北魏孝文帝的全面漢化。

因爲全面西化，當時日本有一個口號叫做「脫亞入歐」，就是不要再當中國文化的小弟了，要改當西方國家的小弟，進入歐洲世界，日本不光這麼說，還眞這麼做。明治維新二十年後，日本的國家實力和政治思維都不像傳統中國，而像西方列強。

日本崛起後，覺得我們如今也是文明國家了，應該被西方人平等對待，於是希望廢除之前與西方國家簽訂的不平等條約。可是在國家利益面前，哪有道義可講？西方列強自己之間還打得不可開交呢！誰會給日本出讓好處？日本在和西方國家的往來中大受刺激，感覺西方國家表面上講的那些文明、榮譽都是虛的，這是一個弱肉強食的世界（還是「儒表法裡」嘛），我們必須拚命增強國家實力，要不就會被宰割。

可是，用什麼辦法才能和西方列強抗衡呢？當時的西方強國，全都有數量龐大的殖民地，不僅在國內要興工業，還要到世界各地占礦山、占港口、占市場、吸引當地人民去當廉價勞工。日本本土的面積其實不算小，是英國本土面積的一點五倍，但要是算上在全球的殖民地，日本就比英國要小得多了，日本要強大，就必須學著西方列強去搶占殖民地。

先搶哪裡呢？

一九二九年，一位臺灣商人自稱花重金混入日本皇室書庫，抄錄了一份祕密檔案，他把全文公布在《南京日報》上，這就是在近代史上極爲有名的《田中奏摺》，其中有一句話廣爲流傳：「唯欲征服支那，必先征服滿蒙；如欲征服世界，必先征服支那。」

《田中奏摺》是眞是僞引起後世學者的極大爭議，且不論它的眞假，上述這話可是句大實話，日本要進行軍事和領土擴張，「中國東三省→中國→世界」這個路線基本上是唯一的選擇，後來的侵華戰爭走的確實就是這個路線。

其實這句話還缺少一個步驟，在《田中奏摺》曝光時，朝鮮半島已經成爲日本的殖民地，所以《田中奏摺》略去了第一步：「欲征服滿蒙，必先征服朝鮮」。

日本是個島國，距離亞洲大陸很遠，比較近的只有兩個地方：一個是北邊的庫頁島，但是那裡太北邊了，土地貧寒，缺乏戰略意義；另一個地方就是朝鮮半島，朝鮮半島直通亞洲大陸，是入侵中國東三省的理想跳板。日本和朝鮮半島之間的海峽寬度和臺灣海峽差不多，交通十分方便，因而日本想要擴張，自古以來，朝鮮半島都是必經之地。明朝末年豐臣秀吉入侵亞洲大陸的第一步，也是從占領朝鮮半島開始的。

在清朝末年，朝鮮是大清的屬國，日本要占領朝鮮，就要與清政府產生正面衝突。當年，清政府剛被列強欺負的時候，日本感到的是「脣亡齒寒」的恐懼和同情；現在，明治維新已二十年，日本已經「脫亞入歐」，當它們以西方國家的眼光去看大清的時候，發現這是一個野蠻、保守、自大、落後的國家，被欺負是「活該」的。

日本自信日、清之間必有一戰，而且日本可以獲勝，獲勝的關鍵，在大海上。

我們來看看中、日之間的地形。

打開亞洲地圖，我們可以看到，中國的東部和朝鮮半島中間有著大片海域，我們稱爲「黃海」，經過黃海，中國可以方便地從山東半島運兵到朝鮮，遠比走陸路從東三省繞過去更便捷。日本與朝鮮半島也是隔海相望，一切軍隊和物資也都要透過海路運過去，所以日本要和清政府搶奪朝鮮半島，爭奪制海權就成了關鍵。

假如日本得到了制海權，那就可以源源不斷地向朝鮮派兵，清方陸軍只能從東北地區遠道饒過去，而且日本還可以把軍隊隨意投入到中國東部沿海，包抄清軍的後路，甚至直接進攻大沽口威脅京師。相反地，如果被清軍掌握了制海權，那日本作爲一個島國就得好好考慮一下防守國土的問題，連京都都暴露在清朝水軍的攻擊範圍內，進攻朝鮮的事就不要想了。

因此，清、日兩國對於朝鮮的影響力，乃至於兩國之間的地位排序，就靠大海上的戰鬥了，這場戰鬥，也就是我們今天所說的「甲午海戰」。

二

日本在和清政府正式開戰前，先搞了不少小動作。日本先是占領了清朝的屬國琉球，又試圖染指臺灣，這些動向引起了清政府的警惕。當日本不斷向朝鮮增兵，朝鮮形勢一天比一天緊張的時候，清廷很多人都意識到和日本的衝突難免，兩國恐怕要打上一仗。

這個時候，洋務運動已經進行了三十多年，效率雖然低，但不是一點效果都沒有，尤其是李鴻章花費重金打造了一支北洋艦隊，號稱亞洲第一、世界第八；另外，清朝還有三十五萬新式陸軍，上百萬的後備部隊，軍隊數量遠高於日本。

然而，洋務運動的領袖、北洋艦隊的領導者李鴻章卻認爲這場仗打不贏。

打不贏的關鍵是沒錢。

海軍這個兵種非常依靠裝備，我的船比你好、我的裝甲比你厚、我的炮比你粗、我跑得比你快，那你打我也打不動，跑又跑不了，我基本上就贏九成了。工業革命以後，科技日新月異，武器裝備數年就有一個大變化，海軍軍艦必須不斷更換最新的裝備才能跟得上時代。

在清、日開戰前，日本海軍剛剛購買了最新式的軍艦和大炮，還有更先進的軍艦在訂製中，而李鴻章的北洋水師六年沒有買新船，甚至連平時的訓練經費都不足，所以李鴻章認爲這場仗跟日本打不了，船都不行，這怎麼能贏呢？

可是，爲什麼李鴻章的北洋水師沒錢呢？

首先，朝廷眞的沒錢。

第二次鴉片戰爭後，中國被迫開放了更多的貿易口岸，對外貿易增加，海關關稅也因此大幅度增加。在鎮壓太平天國的運動中，以曾國藩爲首的各省督撫開徵商業稅，也擴展了清政府的財源，因此在洋務運動的這段時間裡，清政府的經濟情況還算可以，國家收入甚至比過去有所提高。

可是，海關關稅之所以能收上來，是因爲有外國貨物進口，外國貨物之所以肯進口，是因爲有中國百姓購買，所以海關關稅本質上徵收的還是本國百姓的錢。同樣，商業稅本質上也取自於民，也來自於老百姓的購買力，而洋務運動又治標不治本，並沒有眞正提高社會生產力，所以海關關稅和商業稅也就有增長的極限，並不是能無限支取的。

在進行洋務運動這些年裡，朝廷用錢的地方還偏偏特別多，除了蓋工廠、建新軍要花錢外，清廷在南方還和法國開戰，新疆地區又出現叛亂，這都需要花費大筆軍費。此外，國內還有連年的災害和饑荒，這個國家處處都是漏洞，處處都要錢，光靠那點農業稅和海關稅，給了這邊花，那邊就沒錢，實在難以應付，所以朝廷不是說不想拿錢給北洋水師，而是應該給多少的問題，你多給了北洋水師一分，別的地方就會少一分呀！

同為曾國藩一系的左宗棠被派去平定新疆，大軍作戰需要錢，就挪走了部分海軍撥款，為此，李鴻章甚至提出放棄新疆，把這筆錢省下來，可是新疆同樣關係到邊疆安定，而且戰勢迫在眉睫；這邊北洋水師已經初具規模，與日本的關係看起來又不那麼緊張，朝廷怎麼可能捨邊疆而就北洋呢？

還有一個關鍵問題，李鴻章的北洋水師一開始的定位就頗為尷尬。

按照正常的國家制度，洋務運動裡的各項工作都應該拆分開，修建工廠歸戶部，新式軍隊歸兵部，上面由軍機處統一管理，但是當時的大清朝只有少數官員熟悉西方事務，那些傳統部門裡的大臣辦不了洋務，所以辦洋務要單獨設立一個「總理衙門」，把所有事都統籌起來，歸有限的幾個洋務大臣去管。可是這樣就導致一個洋務大臣他手下既管經濟，又管軍工廠，還能指揮部隊，手上的權力太大了，已經接近於節度使，甚至是真正的軍閥。

就拿李鴻章來說，李鴻章的正式職位是「直隸總督兼北洋大臣」。「隸」是「隸屬」的「隸」，是「屬於」的意思，「直隸」是「直隸省」的簡稱，意思是「直屬於首都的地區」，也就是今天北京、天津、河北一帶，「直隸總督」就是這個地區的最高長官。

「北洋大臣」是總理衙門的下屬職位，處理洋務要和外國人接觸，而當時和外國人接觸的主要管道是通商口岸，所以洋務運動的核心城市也是通商口岸。當時的清廷把全國的通商口岸分成南、北兩個部分，南邊幾個港口的洋務工作歸「南洋大臣」負責，北方，也就是遼寧、河北、山東這一帶的洋務事務，歸「北洋大臣」負責。甲午戰爭裡的主角——北洋水師，指的就是隸屬於北洋大臣李鴻章手下的海軍。

爲什麼說李鴻章在清朝末年十分重要呢？因爲他這個「直隸總督兼北洋大臣」，相當於是把北京附近地區的新式工廠、新式軍隊、海關事務乃至朝廷的外交全都抓在了手裡，放到今天，大概相當於「北京軍區司令兼黃海艦隊司令兼河北省省長兼華北地區工業部長兼外交部長」，整個華北地區的軍政大權、軍工大權再加上「裡通外國」的機會，全都在他一個人的手裡，不僅如此，還有一些國內省分的總督和他私人關係較好，他的親哥哥還一度擔任兩廣總督，說實話，李鴻章當時要是想造反，直接殺到北京推翻清政府都是有可能的，他的權力太大了。

在這種情況下，朝廷不可能完全放手讓李鴻章想做什麼就做什麼。政治爭鬥裡，親父子、親兄弟還經常刀兵相向呢！李鴻章還是個漢人大臣，朝廷再信任也是有限度的。

北洋水師由李鴻章一手建立，軍艦是他聯絡外國買的，官兵是他送出國培訓的，平時的訓練戰鬥是他主持的，所以北洋水師雖然名義上服從「總理海軍事務衙門」的管理，其實是李鴻章的私人軍隊，只聽他一個人的指揮，在這種情況下，北洋水師不可能得到朝廷的完全信任，也不可能無限制地找朝廷撥款。

李鴻章要建立海軍鞏固國防，朝廷答應了；李鴻章要巨款購買外國先進軍艦，朝廷也撥款了，朝廷拿出家底給李鴻章打造了一個屬於他自己的私人艦隊，這對李鴻章也夠意思了吧？現在北洋水師已經有了一大堆軍艦，其中主力艦號稱亞洲第一，結果你李鴻章還伸手跟朝廷說：我們軍艦落後了啊！打不過日本啊！再給我一大筆錢，我要換軍艦啊！朝廷憑什麼給你？

關鍵是，一支艦隊的裝備夠不夠，這是一個非常專業的判斷，以外行人的眼光來看，日本海軍有一堆軍艦，咱們大清艦隊也有一堆軍艦啊！日本海軍有蒸汽鐵甲艦，咱們也是蒸汽鐵甲艦啊！仗都沒打一場，怎麼知道咱們的艦隊是眞不行呢？還是假不行呢？

只有軍事專家才能準確判斷北洋水師的裝備到底夠不夠，這個人必須熟悉新式海軍的戰術、戰法，熟悉世界軍事技術的發展趨勢，熟讀最新的海戰戰例，熟悉外國各個艦隊的戰鬥實力，才能有個稍微準確的判斷。但是眞正能具備這些素質的人在清廷只有極少數，而且全是洋務派，而朝廷中負責撥款的，是傳統部門裡的軍機處、戶部，他們沒能力知道北洋水師是不是眞不行，他們大可以懷疑這是李鴻章以「打不過」爲名義，找朝廷勒索來了。

因爲北洋水師是李鴻章的私人部隊，導致李鴻章自己的處境也很尷尬。一方面，他得告訴朝廷：我們北洋水師還很弱，我得要錢；另一方面，他還得告訴朝廷：朝廷撥下來的錢，我沒有亂花，確實建立了一個強大的北洋水師。這兩種論調是完全相反的，讓李鴻章在和朝廷的交涉上很扭曲。清流派就常以李鴻章自己的話來酸他：你過去不是常說北洋水師很厲害嗎？那現在開打了，怎麼退縮了？

還不單單是朝廷懷疑李鴻章，各省督撫也要拆他的臺。

太平天國後，地方權力被湘軍、淮軍系的漢人官員壟斷，這讓清廷十分擔憂。清廷的對策除了在朝廷中任用清流派外，還採用分而治之的辦法：在地方上刻意扶植不同派系的漢人將領，如：左宗棠與李鴻章一樣出於曾國藩旗下，但是左宗棠和李鴻章政見不同，兩個人有許多衝突，於是朝廷便重用左宗棠一系的湘軍。除湘軍、淮軍外，地方上還有其他一些漢人勢力，也被朝廷分別扶植。一開始，北洋水師的軍費由各省分攤，但是地方獨立性強，那些和李鴻章不對盤的省分，經常少交錢，所以北洋水師的軍費從很早以前就不足。

在「分而治之」的政策下，海軍也不能都交給李鴻章一個人。當時全國一共有北洋、南洋、福建、廣東四個水師，分別受北洋大臣、南洋大臣、閩浙總督和兩廣總督統轄，等於是四支互相獨立的部隊。廣東水師由李鴻章的兄弟掌握，因此在甲午戰爭中全力支持李鴻章，把三艘主力艦——廣甲、廣乙、廣丙借給了北洋水師。其他兩支水軍為了自保、為了看李鴻章的笑話，都作壁上觀了。開戰後，朝廷曾數次摧調南洋水師，都被用各種理由推諉。

還有個可笑的事：甲午戰爭結束後，廣丙被日軍俘獲，結果威海衛的海軍官員向日方寫信，說廣丙原本是廣東的軍艦，「今回戰爭原與廣東不干」，廣甲、廣乙、廣丙三艘軍艦如果都沒回去，我們「殊對廣東總督不住」，所以請您允許讓廣丙開回廣州。

這就和第二次鴉片戰爭時，英、法聯軍入侵北京的同時，上海卻和英、法合作一樣，清廷官員已經把南方諸省當成獨立的政權了。

相比之下，日本是全國出錢，全國建軍。日本海軍原本分成作為主力的「常備艦隊」和負責沿海防禦的「西海艦隊」，為了對抗北洋水師，日方在戰爭前特意將兩支艦隊聯合在一起，組成「聯合艦隊」。

清方分裂，日方聯合，實力此消彼長。

梁啟超說李鴻章在甲午戰爭中對抗日本人，是「以一人敵一國」，這話有些誇張，因為朝廷畢竟還是大力支援了李鴻章，但也說出了甲午戰爭清軍戰敗的一個原因：從表面上看，甲午戰爭是以龐大的清國對抗弱小的日本，其實是以李鴻章的私家軍隊對抗日本全國，清方的力量一開始就處於弱勢。

三

在近代史的論述中，常有人說「是因爲慈禧太后要修頤和園，挪用了北洋水師的軍費，所以北洋水師才會輸掉戰爭」，其實和上述制度上的問題相比，修頤和園對北洋水師的影響並不算大。

修頤和園有一個政治大背景。

慈禧在打壓奕訢後，掌握了朝廷大權，但是慈禧的權力有個漏洞：她掌權是因爲皇帝年幼，不得不由皇太后垂簾聽政，等到皇帝成人後，權力就應該還給皇上了。後來同治皇帝長大，慈禧找理由又拖了幾年，實在拖不過去了，才不得不把權力交了出來。可是同治感染上天花病毒，在當時沒有治療的辦法，只親政兩年多就身亡了。

同治生病的時候，慈禧重新掌握了批閱奏摺的權力。同治死時沒有兒子，也沒有立遺囑（到底是眞沒立，還是被慈禧掩蓋了，這就不得而知了），由誰繼位就由慈禧說了算。

當年同治要大婚的時候，慈禧和慈安都推薦了人選，結果同治選擇了慈安推薦的女子當皇后，換句話說，同治的皇后是慈安的人。同治去世的時候，這個皇后已經懷孕了，當時就有大臣建議：咱們應該等皇后生產後，如果生的是男孩，就讓這男孩繼位，但慈禧沒答應。

不算這個未出生的孩子，按照繼承順序，應該是同治平輩中最年長者繼位，但是這個候選人的年紀大到已經可以親政了，一上臺就沒慈禧的份了，所以慈禧也沒有答應。最後慈禧力排眾議，選擇了後來的光緒帝繼位。光緒當時只有四歲，離成年還很久，而且光緒的母親還是慈禧的妹妹。為了把關係理順，慈禧還把光緒過繼給咸豐當兒子，這樣，慈禧就是光緒名義上的母親，才有資格繼續垂簾聽政。

這是洋務運動進行到一半時候的事。後來又過了十幾年，到了甲午戰爭爆發前，光緒也到了親政的年紀了，慈禧不得不停止了垂簾聽政。

綜合來看，慈禧對於光緒繼位的問題是有心理矛盾的。一方面，慈禧本人貪戀權力，想要持續垂簾聽政下去；另一方面，慈禧也知道，按照法理交出權力是遲早的事，而且光緒親政時，慈禧已經五十多歲了，按照古代的標準，已經是一個老年人，她不可能永遠霸著權力不放，她得考慮清廷未來的穩定。

其實，這兩個矛盾心理——貪戀權力和「對大清未來負責」，在慈禧的心裡可能是統合的：她認為自己之所以霸著權力不撒手，不是因為一己私欲，而是為了國家：朝政處處是危機，小皇帝年幼沒經驗，我要是撒手了，國家該怎麼辦啊！

在這種矛盾心理下，一方面，慈禧從光緒小時候開始，就對他非常用心地培養，既不斷向光緒強調二人之間的「母子」感情，也努力培養他的施政能力。另一方面，在光緒執政後，慈禧仍舊以「訓政」的名義繼續控制政權，小事光緒可以說了算，但是朝政大事都要徵求慈禧的意見，也就是說，在清、日戰爭即將開戰的時候，光緒處於「試用期」階段，光緒負責處理日常政務，但是眞正的大權還是掌握在慈禧的手裡。

在光緒周圍，還有一群押寶在皇帝身上的大臣，他們盼著光緒能早日親政，這群人也就能藉此掌握大權，其中以光緒的老師翁同龢爲代表，稱爲「帝黨」。

在翁同龢等人的策劃下，光緒開始了修建頤和園的工程。

當年英、法聯軍火燒圓明園後，北京周圍的皇家園林都殘破不能居住，光緒、慈禧等人只能住在紫禁城和一些規模較小的皇家園林裡（比如：距離紫禁城非常近的「西苑」，大致相當於今天的北海公園和中南海，共約五十一萬二千坪）。後來，光緒看中了距離圓明園不遠，受劫掠較少的清漪園，他花了大筆銀子重修清漪園，打算給慈禧居住。這一方面是爲了向慈禧展示自己的孝道：您老人家爲朝廷辛苦了這麼多年，也該找一個地方好好享受了。另一方面，也是讓慈禧搬出紫禁城，住到北京城外，讓她離政治中心遠一點。光緒把清漪園改名爲「頤和園」，「頤」是「頤養天年」的「頤」，意思就是：您該退休啦！到那邊歇著去吧！

慈禧本人十分偏好享受，不管國家財政如何吃緊，她個人的物質享樂一定要保證，同時，慈禧也考慮到權力早晚要放手，於是答應了這個安排。在這個背景下，修頤和園就不僅僅是慈禧的個人享受問題，而是關係到光緒能不能順利掌權的政治問題。

但是國家財政日益吃緊，在這個時候還要拿出大筆銀子修建園林，大臣們對此意見很大。當年火燒圓明園後，同治就想拿出一筆錢來重修圓明園，結果遭到朝中大臣的強烈反對，差一點鬧到君臣反目，最終是兩宮皇太后出面說這園子咱們不修了，這事才算了結。

因爲顧忌大臣的反對，光緒和慈禧在爲頤和園籌錢時就玩了個花招，說要在頤和園的昆明湖裡操練水師，要建立一個「昆明湖水師學堂」。然而昆明湖不通外河，水面風平浪靜，根本不適合操練水師，這其實是爲籌款找的藉口。爲了配合這名目，李鴻章還調來了北洋水師的官兵和小型蒸汽船，在昆明湖裡大張旗鼓地操演了一番。

就在這個「修建水師學堂」的名義下，光緒和慈禧向各個政府部門、各省督撫伸手索要「海軍軍費」，又以「海防」名義向社會募捐，這些錢被用來修園子或者挪作他用。

這就是說，修頤和園雖然不應該，但它占用的不是北洋水師的專款，就算不修頤和園，這筆錢也不一定會花在北洋水師的身上。

當然，當時全國上下各處都需要銀子，無數的百姓正在饑饉中哀嚎，在這種情況下還要窮奢極欲地修園子，這是十足的禍國殃民之舉。但另一方面，北洋水師缺錢的根本原因是洋務運動的失敗，是生產力低下、貪腐嚴重導致的全面經濟落後。退一步說，就算修頤和園的錢全都投到了北洋水師裡，也只能解一時之急，因爲海軍需要的是長期大筆的資金投入，偶爾的撥款還是解決不了問題。

相比之下，日本的海軍歸日本天皇、內閣和軍部大本營管理，是屬於國家的正規軍隊，國家撥款不遺餘力。爲了加快籌組海軍，日本天皇帶頭從自己的內庫裡撥錢，大臣、議員從薪水中捐錢，連普通百姓都動員起來踴躍募捐。日本海軍的軍艦更新速度很快，在甲午戰爭中達到關鍵作用的日本主力艦「吉野號」，就是日方在開戰之前及時購買的。

四

因爲知道自己軍備不行，所以在與日本衝突爆發的時候，李鴻章力主議和，避免開戰，但是清流派不同意。

我們今天在講述清末屈辱史的時候，常常用「主戰派」和「主和派」區分忠奸，認爲主戰派就是抵禦外辱的民族英雄，主和派就是卑躬屈膝的賣國賊。其實當年的情況也是一樣，凡是高喊堅決抵抗的，就贏得朝野的一片歡呼，而小心翼翼提出和談的，一律被罵成奸佞小人。但正像茅海建教授論述第一次鴉片戰爭時所說：當時所有主張和談的清朝官員其實一開始都主張打仗，而那些到了前線的官員，後來都成了主和派。換句話說，躲在後方唱高調既痛快又安全，但要是到了一線，眞正辦實事、眞正去解決問題，才會發現這高調並不好唱。

以翁同龢爲首的清流派就是這樣。這些清流派不用處理一線事務，在他們的心裡，日本還是當年那個蕞爾小國，他們不相信洋務運動進行了這麼多年，花了這麼多錢，怎麼會越混越回去，連弱國日本都打不過呢？

更有些人從道德和哲學的高度論證大清必勝。他們義正詞嚴道：「彼逆我順，彼曲我直。彼呑噬小邦，以殘暴逞；我救屬國，由仁義行。」我們是以正義伐無道，日本則是「欲奮螳臂以抗王師」，那我們怎麼可能打敗呢？面對如此雄辯，我們也只能回答「大哥你說的很有道理，我竟無言以對」了。

但是站在清流派的角度想，他們酸李鴻章也是有道理的：國家投資北洋水師這麼多年，錢讓你花了這麼多，等臨到敵人欺負到家門口了，你突然說打不了，那國家養你是做什麼的？李鴻章是不是有出讓國家利益來保存私人軍隊的私心呢？

有的學者認爲，翁同龢主戰還有政治上的考慮：甲午戰爭爆發時，光緒剛親政不久，慈禧並未完全放權，遇到大事，光緒還要向慈禧請示。翁同龢等「帝黨」對此不滿，他們認爲，如果對日戰爭勝利，正好算是光緒親政後一大政績，可以穩固帝權。萬一打敗了，負責任的是李鴻章，他可以借機打擊政敵，也算不錯的結果。

總之，隨著清、日衝突不斷加劇，除李鴻章少數人外，朝政上下都支持開戰。最終慈禧和光緒拍板決定開打，隨後日軍先在海上挑起戰事，清方正式對日宣戰，中、日甲午戰爭打響了。

近年來，有很多人批評當年的清流派開戰誤國，但其實當時的局勢對於清廷來說，無論是戰是和，都是一個死局。

爲什麼這麼說呢？

首先，清方就算想不打恐怕也做不到。李鴻章之所以主張和談，除了打不過外，還因爲他錯判了國際形勢，以爲西方列強貪圖在朝鮮半島的利益，一定會從中調停，日本忌憚西方力量，不敢眞正開戰。然而後來的事實表明，日本鐵了心要打，李鴻章的判斷是錯誤的。如果清方非要和談，唯一的辦法是讓出朝鮮半島，這個結果要比甲午戰爭後，清方的損失小得多，但以當時的輿論環境，一仗不打就退讓成這樣，別說李鴻章了，朝廷也沒法對全國交待。

退一步說，即便有機會和談也只能躲過一時，因爲占領朝鮮，既而圖謀臺灣、遼東半島、山東半島，不斷擴大在華利益，這是日本的長期國策，日本和中國之間早晚要打。

以日本維新的國力，時間多拖一日，日本就更強一分，此時開打，清方的水軍實力還比日方要高一點點，還有贏的希望，假如再拖上三年，等到日軍訂製的最新型「富士級」軍艦造好，清方就一點勝算都沒有了。

總而言之，這仗是打起來了。

即便撞沉了吉野號——

甲午戰爭（下）

單從軍事裝備上講，開戰時的北洋水師還有取勝的可能。

那是個蒸汽鐵甲艦用火炮交戰的時代，打法是大家在海上互相開炮，看誰能先把對方打沉，在這種打法裡，軍艦的火炮威力和裝甲厚度就成了重要指標。北洋水師的兩艘主力艦「定遠」和「鎮遠」的火炮和裝甲都超過日艦，日軍打這兩艘船打不動，清艦打日艦卻是一打一個窟窿。

一

然而，清方從戰略到戰術，再到戰備上的一系列失誤，葬送了挽回局勢的唯一機會。

首先是戰略上的目光短淺。

清朝的洋務運動是「中學爲體，西學爲用」，只看上了外國人的裝備和機械，在思想上仍舊輕視西方事務；日本維新以後，在思想上全面接受西方文化，維新一開始就派出大批學生留洋。

就在甲午海戰爆發四年前，美國軍事學家馬漢發表了著名的《海權對歷史的影響》，書中認爲，海上主權對於一個國家至關重要，只要有了制海權，就能在很大程度上左右戰爭的局勢。

其實在地理大發現之後，在人類發現地球上幾個大陸都被大片海洋包圍、全球經濟都依賴於航海貿易的背景下，海權至上並不是什麼新鮮的觀點，甚至連大清這樣不依賴海外貿易的農業國家都可以感覺到這一點。在講第一次鴉片戰爭的時候我們說過，英軍因爲擁有制海權，可以隨意挑選進攻的時間和地點，還能隨意撤退到海上，在戰爭中足以立於不敗之地。

日本是一個島國，假如失去了制海權，不僅對外貿易會被完全封鎖，而且整個國家都會暴露在外敵之下，毫無防禦力可言。因此，早在被列強轟開國門的時候，日本就已經意識到了海權的重要性。對於日本來說，甲午戰爭的首要目標就是摧毀北洋水師，掌握附近海域的制海權。

相比之下，清政府還是在用傳統內陸帝國的思路看待國防。李鴻章的職位是「直隸總督兼北洋大臣」，爲什麼在當「北洋大臣」的同時還要他管理北京周邊地區呢？因爲北洋軍作爲北方最精銳的部隊，它的定位就是保衛首都、保衛皇室，防止英、法聯軍入侵的事件重演，所以李鴻章平時辦公的地點就在北京的門戶——天津。

在這個思想下，北洋艦隊的戰略目的也就以防守爲主。開戰之後，李鴻章因爲北洋水師實力不足，擔心一旦被擊潰就無挽回餘地，於是命令北洋水師朝海岸附近巡防，保存實力，這樣才能夠持續牽制日軍。北洋水師提督（即艦隊司令）丁汝昌提出應該主動誘敵於縱深海域，伺機殲滅敵人的建議，沒有被李鴻章採納。

然而《海權對歷史的影響》論證道：海軍是一種進攻型軍種，要集中優勢力量去主動消滅別人，被動防禦只會遭受失敗。

這個道理不難理解：海軍和陸軍戰鬥有個重要的差別，海軍的機動性、隱蔽性和補給能力遠強於陸軍。在地面上，陸軍如果要縱橫千里打運動戰，對地形、軍隊的運輸能力、沿途的後勤供給、情報的隱蔽性都有很高的要求，所以在陸戰中，城市、關隘、要塞的地位十分重要。在很多陸上的戰爭裡，守住了關鍵的戰略要地就可以獲得勝利，至少能牽制敵人的大批部隊。

但是在海上，艦隊很容易就消失在茫茫大海之上，艦船的運輸能力又強，可以獨立作戰一段時間，這是一種「我們和敵人都不一定出現在哪」的狀態，在這種形勢下，最好的辦法是主動出擊，尋找敵人的小股艦隊，一口一口吃掉；如果是被動防守，只會把戰機讓給敵人。

這也並非是新鮮觀點，日本海軍早年向英國學習時，已經學到了這樣的思想。就是在這樣的思路下，日本艦隊從開戰之前就做好了主動出擊，與清軍主力艦隊決戰的準備，爲此專門制定了戰鬥計畫。

開戰後，日軍艦隊主動尋找北洋水師，最終在黃海的大東溝地區，找到了正在護送清軍登陸、並無決戰準備的北洋水師。

因爲地球是圓的，所以當遠處的船駛近我們的時候，我們最先看見的是船的上半部分。蒸汽船都要燒煤，最先露出頭的是軍艦的煤煙，由於北洋水師使用的煤炭品質低劣，燃燒後的煤煙濃厚，因此日本艦隊比北洋水師提前一個半小時發現對方。

於是，北洋水師在準備不足的情況下倉促迎戰，這場戰爭這就是我們常說的「甲午海戰」，又稱「黃海海戰」。

二

其實到了這個時候，北洋水師還是占有優勢。

北洋水師雖然多年沒有更換新船，但此時的主力艦——定遠、鎮遠號的裝甲和火炮仍舊是亞洲第一，日本炮彈無法擊穿二艦，這對日軍造成極大的壓力。

日本海軍的主力艦是新購買的「吉野號」，吉野號是最新型戰艦，雖然裝甲、火炮威力弱於定遠、鎮遠，但有兩個優勢：一是擁有更快的速度，是當時世界最快戰艦，二是配備了最新式的火炮，威力差但是射速快。

為了能擊敗北洋水師，日本海軍耗費了大量精力，制定了專門針對北洋水師的特殊戰術。在真正開打的時候，北洋水師採用的是「橫隊戰術」，也就是把船首超前，各船肩並肩並排站在一起。這是當時蒸汽軍艦對戰最常用的戰術，因為北洋水師各艦船首的火炮威力最大，如此排列可以在第一時間給予對方最強的攻擊。

吉野號速度快，速射炮安放在側舷，因此日軍採用了完全不同的隊形：所有的軍艦首尾相連，連成一條直線向清軍衝去。因為清軍火炮射程遠，日軍前期要冒著被擊沉的風險硬著頭皮往前衝，衝到清軍附近時拐個彎，把側舷轉向清艦，靠高速運動包抄清軍艦隊。日方火炮無法擊穿定遠、鎮遠，就利用吉野號側舷的速射炮去殺傷定遠、鎮遠號上的水兵。

這兩個戰術裡，清軍戰術是沒動腦子的：世界主流是什麼打法，外國顧問建議是什麼打法，我們就照著去做。日本的戰術雖然冒險，卻是動了腦子：儘量發揮吉野號船速快、速射炮強的優勢，半靠勇氣，半靠運氣，去賭一個擊敗定遠、鎮遠的唯一機會。

北洋水師戰術缺乏變化，這其中的責任，首先要由李鴻章來負責。

海軍是一個高科技兵種，當時北洋水師的菁英人才全都是留過洋的年輕人，李鴻章覺得這些人年紀太小，需要一個穩重的人帶兵，結果把海軍的最高指揮權交給了四十二歲的丁汝昌。

丁汝昌在淮軍中的資歷很老，他一開始在太平軍中當小兵，後來在和曾國藩的戰鬥中，隨著大部隊投靠了湘軍。曾國藩要李鴻章建淮軍的時候，給了李鴻章八個營的兵力，丁汝昌在其中一個營中當兵，因此加入了淮軍。丁汝昌在淮軍中指揮馬隊，因爲戰功而升官，逐漸得到李鴻章的信任。

丁汝昌這人性格敦厚、做事穩重，的確是個帶兵的人才，但是他沒有受過多少教育，只念過幾年私塾，之後一直在陸軍帶兵，海軍對他來說是完全陌生的。李鴻章曾考慮過讓丁汝昌去英國留學，但是丁汝昌的歲數太大，留學已經不現實了。

丁汝昌當上北洋水師提督後，很努力地學習海軍知識，可是那個時代的海軍擁有當時最尖端、最新式的技術，所有最先進的資料都來自於西方，而且那還是個海軍技術裝備更新換代的時代。甲午海戰是人類歷史上，蒸汽鐵甲船首次大規模交戰，這是個新生事物，想要選擇正確的戰術戰法，就必須時刻緊盯西方最新的科技和戰爭學成果、緊盯最新的海軍戰例，而且還要有超越時代的頭腦，這些對於丁汝昌來說都太爲難了。在實際交戰中，丁汝昌除一開始擺出了最主流的陣型外，整個戰爭中再也沒對艦隊進行有效指揮，在戰術上落了下風。

反觀日本聯合艦隊司令長官伊東祐亨曾留學英國，學習過炮術、航海術，親自參加過日本的兩場海戰，還擔任過海軍大學校長；日方的其他參謀、艦長也都是有過留洋和海軍經驗的新式人才，這才能在開戰前制定出有效的新戰術。

在戰爭中，丁汝昌還犯下一個錯誤：在交戰前沒有指定第二指揮官。當時無線電報剛剛發明，尚未應用，艦船之間靠打旗語聯絡。開戰後不久，定遠艦主炮巨大的後座力將艦橋震塌，丁汝昌因此摔了出去而負傷，雖然仍舊堅持戰鬥，但是失去了指揮艦隊的能力。丁汝昌的旗艦再也沒有對外發布命令，整個北洋艦隊陷入無人指揮的混亂境地，很快進入亂戰階段，純看各艦自己的軍事素質。

提督不力，北洋水師各艦艦長的軍事素質也堪憂。

洋務派官員是按照「中學爲體，西學爲用」的思路去去籌組新軍。北洋水師雖然使用的都是新式的進口武器，但是內部的管理制度還是舊式的。李鴻章按照淮軍的舊模式去管理北洋水師，結果水師內部派系眾多，互相不服。北洋水師各艦艦長都是留洋學生，這個丁汝昌卻是上級硬派來的老官僚，所以很多人不買丁汝昌的帳，管理起來十分困難。

在太平天國時，西方人曾企圖控制洋槍隊，後來又有英國人李泰國以鎮壓太平軍爲名義，用清廷的關稅建立了一支艦隊，卻據爲己有，以此要脅清廷，最終奕訢不得不解散該艦隊。因爲這些舊事，李鴻章十分忌憚外國人染指中國軍隊。北洋水師中原本有英國教官，但水師上下對其十分輕慢，最終英國教官一怒之下辭職，從此以後，水師的訓練、軍紀越來越差，軍中甚至存在狎妓、抽鴉片的惡習。

由於戰鬥素養、艦隊士氣參差不齊，有些艦長在戰爭中表現得很英勇，也有的艦長臨陣脫逃：在戰局最爲難時，致遠艦管帶（即艦長）鄧世昌指揮軍艦衝向日軍旗艦吉野號，試圖用船首撞角撞破敵艦。因爲致遠艦是一艘小船，火炮無法擊沉吉野號，用船首的撞角衝撞敵艦是唯一的機會。然而功虧一簣，致遠艦未接近敵艦時即被擊沉，鄧世昌等大部分官兵隨船殉國。

清軍濟遠號在之前一場小海戰中就率先掛出白旗逃跑，把負責護衛的運輸艦丟到日軍的炮火下，導致千餘名清軍將士和百姓陣亡，直接影響了清軍陸上作戰的勝敗。這一次，濟遠號又率先逃出戰場，慌亂中，撞上了重傷的清艦揚威號，隨後拋下揚威號倉皇離去。戰後，濟遠號管帶方伯謙以臨陣逃脫的罪名處斬⑬。

⑬ 對於鄧世昌和方伯謙二事，史學界都有爭議。有人認為鄧世昌並未撞向吉野號，也有人認為方伯謙並未臨陣脫逃，實為戰敗的替罪羔羊。結合目前史料來看，個人認為兩種翻案的證據都不夠有力，本書仍取傳統觀點。

由於日軍戰術得當，各艦的戰鬥素養又普遍高於清方，日軍逐漸在海戰中獲得優勢。清軍各艘軍艦或被擊沉、或被俘獲、或負傷撤退，最終海面上只剩下傷痕累累的定遠、鎮遠二艦，在日艦的圍攻中且戰且走，因為裝甲堅固，始終未被擊沉。

最後天色已晚，日軍停止追擊，甲午海戰以清軍慘敗告終。

三

雖然北洋水師打敗了，但此時戰局仍有轉機的可能。

北洋水師最重要的定遠號和鎮遠號並未沉沒，這兩艘巨艦在開戰前就讓日本人十分忌憚，在甲午海戰裡，兩艘船在輪番圍攻中仍未沉沒，再次震懾了日軍。如果兩艦能及時修好，修改戰術，對日軍還能造成很大的威脅。

日本艦隊雖然獲勝，但有多艘軍艦重傷，情況也不樂觀，此時就到了考驗雙方工業實力的時候。清、日雙方受傷軍艦均回到港口修理，日方軍艦經過短短五日的修理，立刻恢復了戰鬥力；清方定遠、鎮遠號則面臨破損過重、配件不足、修理廠效率過低、工匠怠工逃跑等諸多問題，在整個戰爭期間一直未能修好。

在甲午海戰爆發的同時，兩國的陸軍在朝鮮半島也展開了激戰。

由於戰爭前期李鴻章錯誤判斷形勢，爲了避免激化事態，清方一直沒有向朝鮮增兵，直到戰爭臨近爆發時，李鴻章看到日軍積極增兵的動態才有所醒悟，開始指揮布防，但是節奏比日本慢了很多，導致陸上戰鬥也處於被動狀態。

戰爭中，清軍陸軍的早期主力是李鴻章的淮軍，他們屬於清軍精銳，有些部隊的裝備要比日軍的更好，有五分之一的部隊使用西方最先進的連發步槍，還有最新式的速射機關槍、後膛炮，而日本士兵普遍使用的，還是單發步槍。

可是，清軍陸軍仍舊有「中學爲體、西學爲用」的問題。陸軍的建設只看重裝備等「硬體」，卻輕視「軟體」，清軍的制度、訓練、戰術都劣於日軍。淮軍和北洋水師一樣，陸軍內部派系眾多，各部隊之間指揮不靈，甚至最高指揮官有時都指揮不動下面的軍隊。甲午戰爭後期，戰場上還加入了很多其他省分的軍隊，它們也是仿照湘軍和淮軍的模式建立的，也有同樣的問題。

雖然清軍也學習了西方戰術，但是平時訓練不足，等到開打時還是按照舊辦法，一隊隊一擁而上聚在一起，成了敵軍射擊的靶子，又使得後方清軍怕誤傷友軍不敢開槍。清軍也沒有現代化的情報、後勤和戰地醫療系統，士兵武器裝備不一致，武器得不到足夠的維護，損壞率大。因爲舊軍隊的制度沒有改變，在兩次鴉片戰爭中頻繁出現的瞞報現象仍舊很頻繁，前方戰敗官員胡亂編造戰績，嚴重影響了上級的判斷。

最爲關鍵的一點，是湘軍是僱傭軍模式，靠的是高額軍餉來吸引士兵入伍，士兵和軍官之間的關係，形同工人和雇主，就像是市場關係：士兵向軍官出售自己軍事技能，相當於商家，軍官相當於消費者。

市場關係有這麼個特點：人本性自私，在市場交易裡，每個人都想多占便宜少吃虧，每個商家都希望能把最差的產品用最高的價格賣給消費者。那爲什麼有的商店裡都是質優價廉的產品呢？那是因爲有激烈的市場競爭，消費者不怕商家以次充好，只要把所有商家的產品都列出來比一比，那些以次充好的商家就自動被消費者淘汰了。

這個機制放到僱傭兵裡就是這樣：每個僱傭兵都想既不出力也不冒險，還可以混上一份軍餉，那軍官該怎麼把那些不善打仗和怕死的士兵挑出來呢？就要靠市場機制篩選，這個市場就是實戰。所以曾國藩在與太平天國的戰鬥中制定了極爲激進的淘汰制：哪個營打輸就撤編，哪個營打贏就擴編，非常有效地保證了戰鬥力。

但是到了和平年代就麻煩了，沒有了實戰，如何篩選士兵？當然可以靠考試，可是考試中的軍事技能和實戰有很大的差別，而且考試和清廷其他那些從上至下的制度一樣，無法避免舞弊和官僚主義。

所以今天的各國軍隊，極少單純用金錢來激勵軍人。無論是採用義務兵制還是募兵制的軍隊，對於新兵都要進行很長時間的愛國主義教育和服從訓練，持續不斷地強調當兵入伍、為國犧牲的榮譽感，否則就不可能保持強大的戰鬥力，而且就算這樣，長時間沒參加過實戰的軍隊，還是會出現戰鬥力下降的問題。

明治維新以後，日本的軍隊模仿西制訓練，對每一個新兵詳細講解什麼是「國家」，什麼是「榮譽」，對士兵進行大量忠於天皇、熱愛國家的教育，比如：日軍針對新兵的宣傳手冊中寫道：「國家設立軍隊是為了防止外國的侵略，人民免受欺辱。」這讓日軍有了當兵的榮譽感，又寫道：「現在歐美諸國，對我國虎視眈眈、垂涎三尺，企圖辱我民族、躪我疆土，迫我成他國之奴。」這讓日軍有了亡國的危機感。

前面說過，在沒有普及教育之前，普通的中國百姓缺乏「國家」的概念，甲午時的清軍雖然也有忠君、愛民、強調軍紀的教育內容，但是遠不如西式制度那樣有系統，軍隊流行的觀念仍是「當兵就是為了吃餉」，士兵沒有保家衛國的榮譽感。

自從捻軍被平，到甲午戰爭，中間已經過了二十多年，這是一代人的時間，沒經過戰爭洗禮的清軍裡，有相當多的官兵士氣低落、貪生怕死，稍有損失就退出戰場。在最重要的平壤會戰中，清軍原本稍占優勢，但主帥意志崩潰，執意棄守，而且隨後出現的不是有組織的撤退，而是失去控制的潰逃，潰兵丟下了大量武器、裝備一路狂奔，結果受到日軍沿途的伏擊，一千五百多人被日軍屠殺。

清軍堅持「中學為體」，日軍卻是各項「軟體」都採用西方制度：戰術精湛，士氣高昂，後勤和醫療都有保障。開戰之初，雙方尚勢均力敵，不久，清軍開始潰敗，最後丟掉了朝鮮。

四

北洋水師的戰敗喪失了制海權，讓日軍得以向朝鮮輕鬆運兵，清軍自己卻難以增援，這加速了陸地戰爭的潰敗。反過來，陸上的潰敗，又加速了北洋水師的滅亡。

打開中國地圖，渤海灣這一圈的海岸線，就如同英文字母「C」，北京的門戶——大沽口位於「C」最左邊的凹陷部分；「C」的起筆這一點，是位於遼寧半島的旅順；終筆這一點，是位於山東半島的威海衛。

對於北京的海上防務，渤海灣有絕佳的地理優勢：遼寧半島和山東半島如同兩個臂膀，把渤海灣抱在自己的懷裡，整個渤海灣的門戶就是旅順和威海衛，所以李鴻章下大力氣在這兩個地方修建軍港，把旅順和威海衛變成北洋水師的基地。

甲午海戰的地點離旅順很近，北洋水師戰敗後，就退入旅順港維修。日本陸軍在朝鮮獲勝後繼續進兵，突破鴨綠江進入遼東半島。由於日本海軍已經獲得制海權，陸軍又逼近旅順，所以日方派大軍在旅順附近的花園口登陸，這其實是有點冒險的軍事行動，日軍有可能陷入前有陸上阻擊、後有海軍騷擾的境地。登陸時，日方海、陸軍高度戒備，然而沒有看到半個清軍，日軍輕鬆登陸，立刻撲向旅順。

旅順要塞由李鴻章花費巨資修建，配備當時世界最先進的巨炮，對陸地方向也設置了炮兵陣地和防禦工事（終於不犯鴉片戰爭時的錯誤了），原本停留在旅順港的北洋艦隊還可以協助防守，抵禦日軍從海上的進攻，然而在日軍圍攻旅順前，丁汝昌爲保存實力，將艦隊撤出旅順港，退向威海衛。後來進入威海衛軍港時，鎮遠號還不愼觸礁受傷，失去了出海的作戰能力，在自家港口竟然觸礁，這是不應犯的低級錯誤，鎮遠號管帶林泰曾極爲內疚，兩日後吞鴉片自殺。

回來再看旅順。自從陸軍在朝鮮戰敗後，旅順要塞不斷接待從前線潰退下來的敗兵，十分影響士氣，北洋艦隊又不顧旅順守將的苦苦哀求，執意撤退，更是打擊了士氣。旅順要塞的清軍和其他部隊一樣，是由各地的舊式軍隊混編在一起，將領之間難以統率，很多將領心懷鬼胎，只想著在這四面楚歌中如何能保住自己的性命。

士氣已經崩潰，再好的要塞也沒有用。日軍在付出不大的代價後，占領了旅順，隨即對旅順的軍民展開了大屠殺。

日本在開戰以前，學習西方的經驗，已經有了很強的媒體宣傳意識。在甲午戰爭的對外宣傳中，日本一直強調這是「一場文明國家與野蠻國家的戰爭」，強調日軍遵紀守法、救治戰俘、愛護百姓，比清軍更文明。

事實上也確實是這樣，日本在開戰前已經加入了國際紅十字會，模仿西方建立了軍事法庭、軍隊紀檢部門、憲兵、軍事員警等監督機構，用來維持官兵的紀律，日軍還有專門的戰俘收容所，能給與戰俘基本的衣食和醫療，相比清軍經常出現劫掠百姓、殺俘、虐俘的劣跡，日軍的軍紀的確要更好一些。

但是日軍的「高素質」靠的是極強的服從性，這種服從性，靠的是泯滅人性的紀律約束，一旦失去了外界的約束，行事往往肆無忌憚，連最基本的人性都沒有了，所以在近代的戰爭中的日軍經常會出現「軍紀崩盤」的情況，前一刻還彬彬有禮，下一刻突然變得慘無人道。

旅順大屠殺就是這樣的例子，在占領旅順後，日軍為了報復之前清軍虐殺日本戰俘，對旅順的百姓、婦孺和放下武器的清軍進行了血腥屠殺。日軍衝入老百姓家中隨意殺人，還用大炮轟擊運載平民的小船，轉眼間旅順血流成河，屍體堆積如山，用日本隨軍記者的話說：「即便是才筆縱橫之士，也難以在紙上再現旅順的慘狀。」按照當時外國記者的報導，旅順最後僅剩三十六名中國百姓，因為被日軍徵為「清屍隊」，才僥倖留下性命。

五

旅順淪陷，清廷大為震驚。

今天的東三省在當時被稱為「滿洲」，是清朝的發祥之地，被清廷看做「聖地」。和日本開戰之前，清政府原本以為要打的是一場朝鮮宗主國之戰，敗了最多讓出朝鮮，沒想到現在日軍竟然大舉攻入「聖地」，而且再打下去很快就要打到北京了，朝廷裡很多人就有了和談的想法。

以翁同龢爲首的部分清流派堅決主戰，聲稱就算遷都到西安也要跟日本人打到底，但他們也想不出什麼取勝的好辦法，不過就是繼續增兵、撤換懲治戰敗官員、對前方官兵進行道德宣講，「激發天良」這麼幾招，還有人想出各種紙上談兵的計策，如提議要把日本索要的賠款送給英、德當酬勞，要他們共擊日本。這類思維還停留在鴉片戰爭之前的年代，把外國人想像成爲了錢，什麼都能做的小商、小販，以爲天朝稍施伎倆就能玩其於股掌之上，顯然是行不通的。

簡而言之，清廷上下已經沒有拿得出手的辦法，只能任人宰割。

攻陷旅順後，日本舉國極爲亢奮，東京全城召開慶祝大會，街道上掛滿了日本國旗，市民走上街頭高聲歡呼，學生舉著火炬連夜遊行，如同過著盛大節日一般。

自從一千二百多年前，唐軍大敗日本的「白江口之戰」後，日本從來沒有在對華戰爭中取勝過，連朝鮮都不能染指，而這次日軍竟然可以輕鬆攻入中國本土，實現自豐臣秀吉以來一直未竟的夢想，怎麼能不欣喜若狂呢？這時的清廷已經開始尋求西方國家調停，希望能與日本和談，但日方高層十分狂熱，認爲應該從遼東半島向華北繼續進攻，在華北平原與清軍決戰，然後攻入北京，先占北京再和談，那樣獲得的利益更大。

日本首相伊藤博文卻十分冷靜，他認爲西方列強不會坐視日本在中國獲取的利益太多，一定會橫加干涉；而且時間快要到冬季，日軍在華北平原的後勤會有問題。在他的勸說下，日軍決定停止進攻華北平原，轉而進攻山東半島的威海衛，目的是澈底消滅北洋艦隊，獲得更多的談判籌碼。

相比日本海軍主動進攻、搶奪制海權的理念，李鴻章的海軍思維還停留在「保存實力，防衛近海」的階段。北洋水師從旅順逃到威海衛後，李鴻章聽從德國顧問的建議，下令定遠、鎮遠二艦龜縮在威海衛內，依靠威海衛的炮臺保存實力，只允許北洋水師在港口附近巡游護航，不允許深入大洋尋找戰機。這雖然暫時保住了定遠、鎮遠，但也等於失去了制海權，讓日軍可以在附近沿海隨意登陸。

沒有了北洋海軍的威脅，日軍輕易地在威海衛旁邊的榮成灣登陸，岸上的清軍只做了零星抵抗即告撤退，等到日軍開始進攻威海衛時，北洋水師才發揮了作用，炮擊岸上日軍。清軍的火炮給予日軍較大殺傷，但是日軍進攻勇猛，清軍士氣低落，交戰一段時間後就開始潰逃。

占領威海衛炮臺的日軍在短時間裡修好了被清軍破壞的火炮。這些李鴻章花費巨資購置的最新型巨炮，開始晝夜不停地向停泊在威海衛的北洋水師開火，海岸炮的威力遠遠超過艦載炮，北洋水師成了被屠殺的活靶子，與此同時，日本海軍也開始強攻。在毫無希望的情況下，提督丁汝昌表示願意向日方投降，希望能以此換來將士和百姓的人身安全。

甲午海戰後，丁汝昌作爲李鴻章的親信，以及北洋艦隊戰敗的第一責任人，成爲朝政的眾矢之的。朝廷之前已有命令，假如定遠、鎭遠兩船有失，即將丁汝昌正法。丁汝昌向日軍表示投降後，下令炸沉定遠號，隨即吞鴉片自殺。定遠艦管帶劉步蟾，劉公島總兵、李鴻章外甥張文宣也吞鴉片殉國，鎭遠艦管帶楊用霖吞槍自殺。

日軍占領了威海衛，日本海軍終於征服了曾讓他們大爲恐懼的定遠、鎭遠兩艘巨艦。定遠艦已經自沉，一位日本富豪僱傭潛水夫撈出了定遠艦的零件，運回日本建造成一棟別墅，稱爲「定遠館」，直到今天還可以看到。

從外觀上看，定遠館只是一棟帶小院的普通日式小屋，仔細看才會發現：其中很多部件都來自於定遠號：院子大門是定遠艦的裝甲，上面還保留著當年的彈孔；房屋木材來自於定遠的艙壁和甲板；廊下的橫欄是定遠的舢板船槳；房門是定遠的艙門；房梁是定遠的桅杆……

定遠館曾作爲甲午戰爭中的戰利品展覽館，接待過很多日本貴族和高官。如今百餘年已經過去，定遠館變成個舊海報、舊玩具的小展覽館，遊客寥寥，大多數當地人已經不知道這棟建築的來歷，在多次的翻修中，一些定遠號的遺物被當成垃圾丟掉。

鎭遠號被日軍俘虜，維修後加入日本艦隊，仍舊命名爲「鎭遠」。

話說在甲午戰爭爆發八年前，定遠、鎭遠等軍艦到訪日本長崎市，兩艘巨艦的龐大身軀和巨大的炮口讓日本人既驚且懼，成爲籠罩在日本人頭上遲遲不散的一團陰影。如今赫赫有名的鎭遠號成了大日本海軍中的一員，一時在日本引起巨大轟動，鎭遠號開回日本時，引來大量百姓圍觀。

鎭遠號加入日軍後，參加過日俄戰爭，隨著軍艦更新換代逐漸被淘汰，最後作爲靶艦被擊毀，一些遺物被日方作爲展品保留下來。

六

隨著威海衛被占領、北洋水師的覆滅，北京面臨著從遼東半島、大沽口、山東半島三面夾擊的危險，少數人如翁同龢還堅持遷都抵抗，但大部分人都知道，除了和談已經沒別的招了。

日本人辛辛苦苦打了那麼多仗，等的就是在談判桌上大開口。

清廷剛開始派去的使者被日本人嫌棄層級不夠高，要求換個位置更高、能做主的人來。當時李鴻章因為連續打敗仗，已經被撤了下來，清流派正高喊要嚴懲李鴻章，可是慈禧知道和談這事除了李鴻章外，沒人能辦得了，於是七十三歲的李鴻章又被重新啟用，去完成這項屈辱的使命。

清方希望和談地點在中國境內，這樣可以占有主動，但日方堅持要在日本境內談判。最終選擇的地點在日本的下關市，被當時的中國稱為「馬關」。

李鴻章一行來到馬關後，與日方和談的第一項內容是休戰，就是咱們先別打了，然後再慢慢談判。日本提出的休戰條件十分過分：要求日軍占領天津、大沽、山海關，控制天津至山海關的鐵路，解除當地清軍的武裝，休戰期間的日本軍費還要清方負責。這實際上就是要清方拱手讓出京畿的防禦，把北京置於日方的軍事控制之下，與其這樣，還不如真在華北平原打一場呢！李鴻章嚴詞拒絕，日方也不讓步，雙方陷入僵持階段。

就在這個時候，有一天，李鴻章從談判地點返回住所的路上，被一位日本青年開槍射殺，子彈擊中李鴻章左眼下的面頰。這名日本青年認為，日本應該進一步擴大戰果，現在與清朝和談會損失日本的利益，於是刺殺李鴻章以阻止和談。

刺殺事件引起國際社會的軒然大波，西方國家紛紛譴責日本。在輿論的壓力下，日本天皇宣布除臺灣和澎湖列島外，其他戰區無條件停戰。那位日本青年以為自己英勇愛國，其實爲清方送去了一份大禮。

但後面的談判就沒這麼便宜了，畢竟日方擁有軍事優勢，仍舊可以獅子大開口。更可怕的是，日本還破譯了清方的電報密碼，李鴻章每一天的談判紀錄，都要以電報的形式向清廷報告、接受清廷的指示，可是沒想到這些內容全在日本的掌握之中。

密碼這事還要說回到甲午戰爭爆發前，定遠、鎮遠等軍艦到訪日本長崎市那一次。在到訪期間，清軍水兵在逛妓院時和日本人發生衝突，後來爆發大規模械鬥，雙方各有死傷。誰知道在騷亂中，日方湊巧撿到了清方電報的譯電本，掌握了清方製造電報密碼的方法。注意啊！是製造密碼的辦法，不是密碼本身。爲了進一步破解密碼，在甲午戰爭開戰前，日方外交官故意向清方駐日公使遞交了一份用漢語寫成的外交文書，清方公使立刻用電報把這份文件報告給國內，電報被日方截獲後，由於事先知道文件的內容，又知道了清方是如何製造密碼的，因此很快破解了密碼。

結果清政府在戰爭期間偏偏一直沒有更換密碼，於是，談判時清方的內部交流，日方知道得一清二楚。談判這事最關鍵的一點，就是知道對方的底線在哪，卡著底線咬緊了不放，就能獲得最大的利益。日方掌握了清方的底線，還時時以開戰作威脅，無奈之下，朝廷只好指示李鴻章接受日方的一切要求，簽訂了《馬關條約》。條約規定，清方賠款兩億五千萬兩白銀、放棄朝鮮宗主國地位、割讓遼東半島、臺灣、澎湖列島。

《馬關條約》的條件極為苛刻，兩億五千萬兩白銀是史無前例的巨款，遠遠超過清政府的財政收入，簡直是漫天要價；割讓遼東半島、臺灣、澎湖列島這麼多領土更是恥辱之至。條約公布後，中國國內立刻輿論大譁。

當時在中國絕大多數人的印象裡，日本還是萬年的窮困小國，大清打贏日本根本是沒有懸念的事，因此很多人聽到戰敗的消息都震驚了：你李鴻章辦了洋務運動那麼多年，花了那麼多錢建設水師，結果被一個小弱國打得潰敗，你是幹什麼的？你還肯跟日本簽訂喪權辱國的條約，你是無能呢？是懦弱呢？是裡通外國呢？還是三者都有呢？

一時間，李鴻章成了眾矢之的，輿論一致抨擊李鴻章賣國自保。各省督撫都反對割地，各省舉子聯名上書，要求廢除條約，遷往內地，繼續戰鬥，甚至有人主張僱傭刺客去刺殺主張議和者。然而和談是朝廷內部已經做好的決定，朝廷肯定不答應繼續戰鬥，不過把李鴻章拋出去當擋箭牌倒沒什麼問題。

因為李鴻章所主持的淮軍、北洋水師對戰敗有不可推卸的責任（這是實話），因為李鴻章割地求和、喪權辱國（這是瞎話），李鴻章以及手下的將領被清流派大肆攻擊，李鴻章本人受到慈禧的保護，只是解任留京，沒有進一步的懲罰，但是李鴻章一系的將領被大規模清洗，導致整個淮系官員退出上層政治舞臺。

《馬關條約》規定要把臺灣割讓給日本，還要辦一個割地的手續。清流派無法懲治李鴻章，就用這件事來羞辱他，清流派力主朝廷派李鴻章和他的兒子李經方一起去辦割地手續。有一位官員在奏疏中尖刻地說：「此事既係李鴻章、李經方始終主謀，豈有功屆垂成，反自逍遙事外之理？」李鴻章為了保護兒子，多次懇請朝廷只讓自己去，免去兒子的差事，但是朝廷不准。最終，父子二人還是被迫來到臺灣。

可是臺灣的交割並不順利。我們說過，古代的百姓大多沒有「亡國」的恥辱感，但是知識分子有。聽到清廷割讓臺灣的消息，臺灣鄉紳極力反對，絕望之中，一眾鄉紳推舉臺灣巡撫唐景崧為「總統」，宣布脫離清廷統治，獨自抗日，因為這樣從法理上來說，臺灣可以不受《馬關條約》的限制，有機會得到其他列強的支援。

其實這些鄉紳、官員內心裡還把自己當成清朝的臣民。

唐景崧上臺後十分窘迫，一面電告朝廷：「俟事稍定，臣便脫身，即奔赴宮門，席槁請罪。」（說這事結束後，臣子我馬上就去京城告罪。）一面找朝廷和張之洞等地方大員尋求支援。然而清方對於臺灣鄉紳的抵抗只是作壁上觀，李鴻章父子辦完手續後就匆匆離開，清廷則為了「免生枝節」，只是在口頭上鼓勵唐景崧堅持抗日，沒有任何實質支援。

日軍見臺灣鄉紳不肯臣服，於是派兵強行占領。在日軍登陸前夜，唐景崧逃往廈門。在中、法戰爭中曾經擊敗法軍的清軍將領劉永福帶領旗下「黑旗軍」頑強抵抗，絕望中多次向清廷求援，都被冷酷拒絕。最後在日軍的圍攻下，劉永福乘坐英國輪船撤退，餘下清軍投降，被日軍遣送回金門，隨後，日本開始了對臺灣長達五十年的殖民統治。

七

《馬關條約》簽了，清廷認輸了，割地賠款也都答應了，可是西方列強不樂意了，其中最不樂意的是俄國、德國和法國三個國家。

其他西方國家對中國的所求不是很多，因爲中國距離他們太遠，要塊領土什麼的戰略價值不大，維護成本還高，不如爭搶家門口的利益更實在。可是俄國不同，俄國橫跨歐亞大陸，東北亞洲就是它的家門口，爲了維護它在亞洲的利益，俄國需要在亞洲建立一個軍港。

可是在當時，俄國在亞洲最南邊的港口，是在第二次鴉片戰爭中，從清政府手裡得到的海參崴（或名「符拉迪沃斯托克」）。海參崴位置太靠北，一到冬天就有三個月的結冰期，等於停留在這港口的軍艦每年都有三個月時間不能出港作戰，這打起仗來也太吃虧了，所以俄國急需一個在東亞更靠南的港口，具體看上的是中國遼東半島的大連和旅順。日本要割讓遼東半島，這一下就踩到俄國的利益了，所以俄國萬萬不能答應。

法國是因為和俄國同盟不久，有履行同盟國的義務，所以與俄國站在了一起。

德國反對日本，是因為德皇威廉二世是個十分狂妄的人，特別迷戀軍事征服、主張強硬對外。可是德國統一的時間太晚，在清朝實行洋務運動的時候才剛剛統一，等到它開始擴張的時候，歐洲附近的殖民地早就被列強瓜分殆盡，因此看到中、日之間的衝突，德國也非要插一腳，既顯示自己在國際上的影響力，也想趁機獲取在亞洲的利益。

於是俄、德、法三國，尤其以俄國為首，開始干涉《馬關條約》，向日本施壓。對俄國來說，日本占領臺灣、澎湖列島什麼的無所謂，他只要求日本把遼東半島吐出來。

對於日本來說，雖然它是侵略的一方，但是面對三國干涉，日本覺得自己很委屈。日本認為《馬關條約》是日本與大清簽訂的，按照國際法，不關其他國家什麼事，憑什麼要你們三個國家出來干涉？而且條約已經簽完，已經生效了，你們憑什麼還要讓我修改，你們這哪裡有契約精神了？

我們說過，列強只在小事上遵守契約精神，大事上該要流氓還是要耍的，而且流氓還要到底了。

為了對日本施加壓力，俄國開始在亞洲集結艦隊。日本考慮到無法與三家列強同時開戰，只能屈服。最終三國「調停」的結果，是日本把遼東半島還給中國，代價是清廷再賠款三千萬兩。

反正三國不能吃虧，日本也不能吃虧，清方怎麼想那就無所謂了。

可是清廷一看，最不可忍受的割地在俄國的努力下取消了，還很感謝俄國。

但錢的事怎麼辦呢？《馬關條約》賠款兩億五千萬兩白銀，這又追加了三千萬兩，加一起是將近三億兩白銀，比清廷年收入的三倍還多，之前實行洋務運動的時候，還沒打仗錢就不夠花，現在這麼一個天文數字，錢從哪來呢？結果俄國主動向中國提供貸款，又讓很多清朝官員感激不已。

但是，哪能有那麼便宜的事呀！

三國干涉還遼是為了擴大自己的在華利益。干涉事件後，德國向清政府索要一處海軍基地作為酬勞，俄國指名索要山東半島的膠州灣，這兩個要求都被清廷拒絕。

可是你不想給也沒用啊！他們直接搶了！

過了兩年半，德國藉口德國傳教士被殺，出兵占領早已相中的膠州灣，逼迫清政府把膠州灣租給德國九十九年，隨後俄國用軍艦運輸兩千名陸戰隊員在旅順登陸，要求租借旅順、大連二十五年，並且修建一條貫穿中國東北的鐵路，將俄國與遼東半島連接起來，整條鐵路都在俄國的控制範圍內。

清廷以爲「三國干涉」是撿了便宜，其實是剛出龍潭，又入虎穴。

再來看看日本。

甲午戰爭對日本帶來的感覺很複雜，一方面，日本第一次擊敗了壓在自己頭上一千多年的宗主國，這讓全國極爲興奮，感到我們國家終於可以作爲強國馳騁於世界了，但是「三國干涉」又給日本當頭一棒，讓日本看到，原來列強沒有道理可講，尤其俄國眞是日本的心頭大患，於是，日本又開始新一輪的臥薪嘗膽。

在甲午戰爭十年後，日本與俄國在中國的領土、領海上開戰。對於日本來說，這是一場比甲午戰爭更大的豪賭。在陸地，日軍瘋狂進攻旅順，付出了數萬人的性命；在海上，日本海軍孤注一擲，海軍司令在決戰前向艦隊發出「皇國興廢，在此一戰」的信號。最終日本獲得了全面勝利，接管了俄國在中國的利益。

這不是好事。

甲午戰爭和日、俄戰爭的勝利，都大大擴張了日本的利益。甲午戰爭開戰前，日本因爲全力進行工業和軍事建設，經濟壓力很大。甲午戰爭的巨額賠款讓日本大鬆一口氣，全國經濟復甦，又送給了日本垂涎已久的朝鮮和臺灣，還讓西方國家逐漸重視、接受日本，這讓日本上下都以爲「戰爭可以讓國家崛起」。

從甲午戰爭以後，日本在對外戰爭中不斷獲得勝利，每一次勝利都獲得了巨大的利益。一九〇〇年八國聯軍侵華、一九〇四年日、俄戰爭、一九一四年參加第一次世界大戰、一九三一年九一八事變，在接連不斷的戰爭中，軍隊的權力持續上升，逐漸超過了內閣，甚至那些不夠好戰的政府官員會被視爲「日奸」遭到刺殺。最終，全日本無人能制衡軍隊的權力，使日本從一個議會說了算的君主立憲制國家，變成了軍人干政的軍國主義國家。在軍人的策動下，日本發動了對亞洲各國的侵略戰爭，瘋狂一直持續到一九四五年：日本淪爲被占領國，東京被大火焚燒，兩個城市被原子彈化爲廢墟，一代人陷入極端貧困。

一場靠不斷發動戰爭換取的大國崛起之夢，最終以亞洲幾十億人民近五十年的血淚告終。這條不歸路，就是從甲午戰爭開始的。

日本在不歸路上漸行漸遠，大清依舊在強國的迷夢裡茫然無措。

今天我們回顧當年那場戰爭，日本的勝利其實有很多僥倖的成分。

清、日在朝鮮有兩場陸地戰鬥：在前一場的「成歡之戰」結束後，日本將領承認，假如之前日本艦隊沒有擊沉清軍的一艘運兵船（就是濟遠號丟下運輸艦，自己掛白旗逃跑的那一次），勝負並未可知。後一場「平壤之戰」，清軍是在占有優勢的情況下，因爲主帥膽怯而潰逃，假如能堅持到援兵到來，戰局或許也有轉機。而在最關鍵的甲午海戰裡，假如北洋水師提前有所準備，假如水師的煤炭和火炮品質再好一些，假如定遠、鎮遠運氣稍好一點，多擊中日艦幾發炮彈，戰局可能都不一樣。

從大的角度講，假如李鴻章沒有錯誤判斷形勢，從戰爭開始之前就向朝鮮大量增兵，日軍取勝的希望就會小很多，又假如李鴻章的眼光能開放一些，改海軍防禦爲主動出擊，北洋艦隊同樣有獲勝的機會。

從更大的角度講，歷史給了李鴻章三十多年時間治軍，假如他治軍時能再用一點心，狠心改革軍事制度，軍事訓練再好一點，裝備再整齊一點，後勤和醫療建設再用力一點，戰爭結果也會不同。

但當我們再往上追溯的時候，發現戰敗又成了必然，因爲眞正能決定勝敗的，是一國的國力，即便甲午戰爭取勝了，又當如何？以清廷之傲慢，國力之有限，占領、肢解日本是不可能的，況且西方列強一定會阻止，清廷能得到的最大利益也不過是割地賠款而已。取勝後，清流派必然彈冠相慶，感嘆取勝之道果然是「在人心不在技藝」，更多人相信救國的希望在於讀孔孟聖賢，洋務派更加相信「中學爲體，西學爲用」，拒絕民間經商，而是用中國農民在田間辛苦勞動出來的一粒粒種子去填補日益龐大的軍費，即便有少數人認知到發展商業、改變制度的必要性，他們受到的阻力會更大，進展會更緩慢。相反地，維新的日本在戰敗後會更加團結，奮發振作，以先進的社會制度發展經濟，終究會以更強的國力、更大的怨恨捲土重來，讓中國承受更大的痛苦。

早在戰爭爆發之前，就已經是絕路了。

博雅文庫 252

RW0C

哇，歷史原來可以這樣學3——鴉片戰爭到甲午戰爭

作　　者　林欣浩
發 行 人　楊榮川
總 經 理　楊士清
總 編 輯　楊秀麗
主　　編　蔡宗沂
責任編輯　蔡宗沂
封面設計　王麗娟
出 版 者　五南圖書出版股份有限公司
地　　址　106台北市大安區和平東路二段339號4樓
電　　話　(02)2705-5066
傳　　眞　(02)2706-6100
劃撥帳號　01068953
戶　　名　五南圖書出版股份有限公司
網　　址　https://www.wunan.com.tw
電子郵件　wunan@wunan.com.tw
法律顧問　林勝安律師事務所 林勝安律師
出版日期　2021年 8 月初版一刷
定　　價　新臺幣320元

本書爲林欣浩先生授權五南圖書出版股份有限公司在臺灣出版發行繁體字版本。

國家圖書館出版品預行編目資料

哇，歷史原來可以這樣學. 3, 鴉片戰爭到甲午戰爭／林欣浩著. -- 初版. -- 臺北市 : 五南圖書出版股份有限公司, 2021.08

面； 公分

ISBN 978-986-522-845-3 (平裝)

1.鴉片戰爭　2.中日戰爭　3.近代史　4.通俗作品

627.6　　110008688